河南大学教育科学博士文丛

企业员工组织社会化研究

QIYE YUANGONG ZUZHI SHEHUIHUA YANJIU

王明辉 ⊙ 著

中国社会科学出版社

图书在版编目（CIP）数据

企业员工组织社会化研究/王明辉著. —北京：中国社会科学出版社，2007.12

（河南大学教育科学博士文丛）

ISBN 978-7-5004-6580-5

Ⅰ. 企… Ⅱ. 王… Ⅲ. 企业管理：人事管理—研究 Ⅳ. F272.92

中国版本图书馆 CIP 数据核字（2007）第 184612 号

责任编辑　丁玉灵
责任校对　石春梅
封面设计　王　华
版式设计　王炳图

出版发行　中国社会科学出版社
社　　址　北京鼓楼西大街甲 158 号　　邮　编　100720
电　　话　010 - 84029450（邮购）
网　　址　http://www.csspw.cn
经　　销　新华书店
印　　刷　北京奥隆印刷厂　　装　订　广增装订厂
版　　次　2007 年 12 月第 1 版　　印　次　2007 年 12 月第 1 次印刷
开　　本　710×980　1/16
印　　张　10.75　　插　页　2
字　　数　183 千字
定　　价　23.00 元

凡购买中国社会科学出版社图书，如有质量问题请与本社发行部联系调换
版权所有　侵权必究

《河南大学教育科学博士文丛》

顾问委员会

（按姓氏笔画）

丁　钢　　田正平　　劳凯声　　沈德立
林崇德　　杨治良　　陈玉琨　　顾明远
凌文辁　　黄希庭

《河南大学教育科学博士文丛》(第二辑)

编 委 会

主　任：赵国祥　　王北生
副主任：刘志军　　程秀波　　刘济良
成　员：(按姓氏笔画)
　　　　丁桂凤　　王明辉　　王恩国　　叶平枝
　　　　吕云飞　　许远理　　刘金平　　李永鑫
　　　　李桂荣　　汪基德　　杨江涛　　杨　捷
　　　　范丽恒　　林德全　　赵俊峰　　魏宏聚

《河南大学教育科学博士文丛》
总　序

　　近些年来，获得博士学位的人越来越多。他们的论文大多是有一定学术水平的。当前教育专著众多，或是某某丛书，或是某某文库，正可谓目不暇接。有时教育界出现一个新口号，人们还没有弄清它的含义时，丛书就已问世。这些专著除了个别确有较高学术水平者外，大多只是文抄公的水平。所以，我是比较看重博士论文的。因为博士论文总是要经过导师的指导，教授的评议，答辩委员会的评审质疑，经过这几个关口，质量总体上是有保证的。有些优秀论文对某个问题的研究还有所深入，有所创新。我每年都要参加多次评阅和论文答辩，从中收获不小。

　　论文写出来以后总是要让人阅读的，才能将作者的研究成果传播出去，得以应用。但是大多数博士论文往往被束之高阁。由于科研经费的短缺，出版社不可能将所有博士论文出版问世。因此，许多论文中的学术高见不能为世人所知。有些研究生在研究过程中也很少到版本图书馆去查阅已有的论文，因而往往出现重复的研究。这都是很大的资源浪费。

　　河南大学投入资金，为学校教师中获得教育学博士学位者出版他们的博士论文，正是一桩善举。既使他们的研究成果为世人所知，真正充实教育理论宝库，又是对青年教师的极大鼓励，也是对教育理论界的一大贡献。

　　学校为教师出版著作，实是学校学科建设、文化建设的重要举措。大学者，不是地盘之大，也不在于学生之多，而在于有大学的文化。它表现在多个层面，更重要的是表现在学术氛围和学术成果上。出版教授文库、博士文库等就是铸造大学的学术文化。

　　今年4月我有幸应邀到河南大学讲学，看到河大古朴的校园，听到清晨校园中莘莘学子朗朗的读书声，深为河大的校园文化所感动。又得知学校为教育学院的博士出版博士论文，更感欣慰。特写以上几句话，是为序。

2004 年 4 月 29 日于北京求是书屋

序

　　一个人从自然人向社会人的转化过程，叫做社会化（Socialization）。以往人们只将社会化定位在从儿童到青少年的社会成长阶段。所以，个体的社会化仅属于教育心理学的研究范畴。后来人们认识到，社会化过程贯穿于人的一生。进入成人后，个体还是要不断进行社会学习和实践，才能适应社会发展和变迁。这个过程就称为"成人社会化"。成年之后，一个人需要就业，就会加入某个组织，这个组织就是社会的一个组成部分。新员工进入某个组织，必须要适应这个组织的工作要求、人际关系、认同组织的价值观和组织文化，这个学习过程就叫做"组织社会化"。

　　组织社会化不仅是个体主动去适应的过程，更是组织管理的重要任务。组织要提供各种条件，采取必要的措施使员工成为该组织所需要的合格人才，以求更好地实现组织目标。为了适应外界不断的变化，组织及其成员需要不断地学习，于是就需要建设学习型组织。这种组织学习行为，也就是组织社会过程。

　　由此可见，员工的组织社会化是各类组织人力资源管理部门的主要任务。因为一个新员工，无论他是从学校刚毕业的，还是已经在别的组织中工作过的，对于该组织来说，他并不是本组织社会化了的员工。他还必须经过自觉或不自觉、被动地或有组织地进行"再社会"，使其在各方面适应该组织的要求，从而把他培养成能胜任工作岗位要求、认同组织目标、接受组织文化和价值观、遵守组织行为规范和职业道德的才。这样的员工会有高组织承诺和组织认同、优秀的工作业绩、较高工作满意度，才正是组织所需要的员工。

　　我国正处于社会转型期，各种不确定因素都会影响员工的职业稳定性，从而使员工对组织的认同和忠诚度大大下降，员工与组织之间的相互信任度低，员工离职率高，从而大大增加了企业的社会成本。因此，企业有计划地对员工进行组织社会化，是降低社会成本，留住有用人才，增强企业竞争力的有效途径。国外人力资源管理对员工组织社会化进行了卓有成效的研究，我国在这方面的研究尚处在起步阶段。我的学生王明辉的博士论文，可以说开创了国内员工组织社会化实证研究之先河。在博士论文基础上所完成的这本著作，也应该是国内这一研究领域的首本创新之作。它为国内组织行为学和人力资源管理的研究增添了新的内容。

凌文辁
2006年12月16日于暨南花园

中文摘要

近年来，员工组织社会化研究是西方组织行为学和人力资源管理领域研究的一个新亮点。所谓员工组织社会化是指员工为了适应所在组织的价值体系、组织目标和行为规范而调整自己态度和行为的学习过程。

本研究采用文献分析法、访谈法、问卷调查法等研究方法，探讨了我国企业员工组织社会化内容的相关问题。研究主要包括五个部分：（1）员工组织社会化的内容结构研究；（2）员工组织社会化内容学习的影响因素研究；（3）员工组织社会化内容的学习对员工行为绩效的影响研究；（4）组织社会化内容的中介效应研究；（5）不同人口学变量和不同组织变量的员工组织社会化内容的差异比较。通过对全国14个城市近35家企业的1200多名员工进行调查，采用探索性因素分析、验证性因素分析、结构方程模型和层次回归分析等多种统计分析技术，所得结论如下：

第一，我国企业员工组织社会化内容结构包括四个维度：组织文化社会化、工作胜任社会化、人际关系社会化和组织政治社会化。员工组织社会化内容问卷的信度、效度达到了心理测量学的要求。

第二，在员工组织社会化内容学习的影响因素中，员工越主动、组织越实施集体/个别社会化策略，则员工人际关系社会化、组织文化社会化和工作胜任社会化等方面的程度就越高。

第三，在员工组织社会化内容的学习对员工行为绩效的影响研究中，员工组织文化社会化对员工的组织认同感有显著正向影响，员工工作胜任社会化对其工作绩效有显著正向影响，员工人际关系社会化对其工作绩效和工作满意度有显著正向影响，员工组织政治社会化对其组织认同有显著负向影响而对离职意愿有显著正向影响。

第四，在组织社会化内容学习的中介效果研究中，组织社会化内容的学习在组织社会化策略和员工工作绩效间起完全中介作用，在组织社会化策略和工作满意度、组织认同之间起部分中介作用，在组织社会化策略和员工离职意愿之间不存在中介效果。

第五，不同性别、不同年龄、不同教育程度、不同工作年限、不同工作种类以及不同企业性质的员工，在组织社会化内容的不同维度上存在显著差异。

最后，对本研究存在的不足和进一步研究要解决的问题进行了说明。

关键词：社会化 组织社会化 结构方程模型 典型相关分析

Abstract

Recent years, the research of organizational socialization has become one of the critical issues in the fields of organizational behavior and human resource management. Organizational socialization is generally defined as a learning process by which, in order to adapt the organizational values, organizational goals and norms, an employee learns how to adjust his attitudes and behaviors.

The purposes of this dissertation were to investigate the contents of organizational socialization of the enterprise employee, as well as to study the antecedents and consequences of organizational socialization content. For these purposes, some standard research methods, such as literature review, interview and survey were used in the research. In addition, exploratory factor analysis, confirmatory factor analysis, structural equation modeling, canonical correlation analysis and hierarchical regression analysis were also applied for data analysis. More than 1200 employees in 35 different kinds of Chinese companies which were from 14 cities in China were surveyed. The main conclusions are as the following:

First, the content of organizational socialization consisted of four factors for Chinese employees, which included organizational culture, job competency, interpersonal relationship and organizational politics. The reliability and validity of organizational socialization content questionnaire were highly enough.

Second, discussion about the relationship between the antecedents, such as proactive personality, internal/external locus of control, collective/individual tactics, fixed/variable tactics, serial/disjunctive tactics, and the contents of organizational socialization by canonical correlation analysis, we found that the proactive personality and collective/individual tactics mainly influenced organizational culture, job competency and interpersonal relationship.

Third, discussion about the relationship between the contents of organizational socialization and their consequences by structural equation modeling, such as job performance, job satisfaction, organizational identification and turnover intention. It was discovered that organizational culture was positively correlated with the employee organizational identification; job competency was positively correlated their job performance; interpersonal relationship was positively correlated their job performance and job satisfaction; organizational politics was negatively correlated with their organizational identification and positively correlated with their turnout intention.

Fourth, discussion about the mediate effects of organizational socialization contents by hierarchical regression analysis, we found that organizational socialization contents were the complete mediate variable in the relationship between organizational socialization tactics and the employee job performance; organizational socialization contents were partially mediated the relationship between organizational socialization tactics and the employee job satisfaction as well as between organizational socialization tactics and the employee organizational identification respectively.

Fifth, discussion about the demographical variables, effects on the contents of organizational socialization. The demographical variables included sex, age, education level, job tenure, job position and the ownership of enterprises. It was found that the demographical variables had some significant effects on the contents of organizational socialization.

Current limitations and future research orientation were also discussed at the end of the dissertation.

Key words: socialization, organizational socialization, structural equation modeling, canonical correlation analysis

目 录

第一章 引言 ……………………………………………………… (1)
  一 研究背景 …………………………………………………… (1)
  二 问题的提出 ………………………………………………… (2)

第二章 文献综述 ………………………………………………… (4)
  一 社会化的含义 ……………………………………………… (4)
  二 组织社会化概念辨析 ……………………………………… (6)
    (一)前人的定义 …………………………………………… (6)
    (二)本研究的定义 ………………………………………… (6)
  三 组织社会化的理论基础 …………………………………… (8)
    (一)不确定降低理论(uncertainty reduction theory) …… (8)
    (二)社会认知理论(social cognition theory) …………… (9)
    (三)认知—理解理论(cognitive and sense making theory) …… (9)
  四 员工组织社会化主要研究视角 …………………………… (10)
    (一)组织社会化策略研究 ………………………………… (10)
    (二)组织社会化过程研究 ………………………………… (15)
    (三)组织社会化内容研究 ………………………………… (21)
    (四)员工主动寻求信息研究 ……………………………… (26)
  五 组织社会化内容与相关变量的实证研究 ………………… (33)
    (一)组织社会化内容的影响因素 ………………………… (33)
    (二)组织社会化内容的效果影响 ………………………… (35)
    (三)组织社会化内容有关的背景变量 …………………… (35)
  六 简评 ………………………………………………………… (36)

第三章 研究内容及总体设计 …………………………………… (38)
  一 国内外研究中存在的问题 ………………………………… (38)
  二 研究总体构想及主要研究内容 …………………………… (39)
    (一)研究的总体构想 ……………………………………… (39)

（二）研究的主要内容和假设 …………………………………（40）
　三　研究方法和研究过程 ……………………………………………（41）
　　（一）研究被试和方法 ……………………………………………（41）
　　（二）研究过程 ……………………………………………………（41）

第四章　企业员工组织社会化内容结构研究 …………………………（44）
　一　组织社会化内容结构的预研究 …………………………………（44）
　　（一）研究目的 ……………………………………………………（44）
　　（二）研究方法 ……………………………………………………（44）
　　（三）研究过程 ……………………………………………………（44）
　　（四）预试 …………………………………………………………（46）
　二　组织社会化内容结构模型建构 …………………………………（47）
　　（一）研究目的 ……………………………………………………（47）
　　（二）研究方法 ……………………………………………………（47）
　　（三）结果与讨论 …………………………………………………（48）
　三　组织社会化内容结构问卷的验证 ………………………………（51）
　　（一）研究目的 ……………………………………………………（51）
　　（二）研究方法 ……………………………………………………（52）
　　（三）研究假设 ……………………………………………………（57）
　　（四）结果分析 ……………………………………………………（59）
　四　组织社会化内容问卷的信度和效度 ……………………………（61）
　　（一）研究目的 ……………………………………………………（61）
　　（二）研究方法 ……………………………………………………（61）
　　（三）结果分析 ……………………………………………………（61）
　五　结果与讨论 ………………………………………………………（63）
　六　小结 ………………………………………………………………（64）

第五章　员工组织社会化内容的影响因素研究 …………………………（65）
　一　研究目的 …………………………………………………………（65）
　二　研究的相关理论和研究假设 ……………………………………（65）
　　（一）个体因素与组织社会化程度 ………………………………（65）
　　（二）组织社会化策略与组织社会化程度 ………………………（66）
　三　研究方法和程序 …………………………………………………（66）

（一）研究工具 …………………………………………… (66)
　　（二）被试 …………………………………………………… (67)
　　（三）统计方法 ……………………………………………… (68)
　四　研究结果与分析 …………………………………………… (70)
　　（一）影响因素问卷的质量分析 …………………………… (70)
　　（二）研究变量的描述性统计 ……………………………… (75)
　　（三）员工组织社会化的影响因素探讨 …………………… (75)
　五　小结 ………………………………………………………… (81)

第六章　员工组织社会化内容对其行为绩效影响的研究 …… (83)
　一　研究目的 …………………………………………………… (83)
　二　研究的相关理论和研究假设 ……………………………… (83)
　三　研究方法和程序 …………………………………………… (84)
　　（一）研究工具 ……………………………………………… (84)
　　（二）被试 …………………………………………………… (85)
　　（三）统计分析方法 ………………………………………… (85)
　四　研究结果 …………………………………………………… (86)
　　（一）效果变量问卷的质量分析 …………………………… (86)
　　（二）研究变量的描述性统计 ……………………………… (89)
　　（三）员工组织社会化对效果变量的影响 ………………… (90)
　五　讨论 ………………………………………………………… (93)
　　（一）组织文化社会化对员工组织认同有显著正向影响 … (94)
　　（二）工作胜任社会化对员工工作绩效有显著正向影响 … (94)
　　（三）人际关系社会化对员工工作绩效和工作满意有显
　　　　　著正向影响 …………………………………………… (94)
　　（四）组织政治社会化对员工组织认同有显著负向影响、
　　　　　对离职意愿有显著正向影响 ………………………… (95)
　六　小结 ………………………………………………………… (96)

第七章　员工组织社会化内容的中介效应研究 ………………… (97)
　一　研究目的 …………………………………………………… (97)
　二　研究的相关理论和研究假设 ……………………………… (97)
　三　研究方法和程序 …………………………………………… (98)

（一）研究工具 ……………………………………………… (98)
　　（二）被试 ………………………………………………… (98)
　　（三）统计方法 …………………………………………… (98)
　四　研究结果 ………………………………………………… (98)
　　（一）组织社会化内容的二阶验证性因素分析 …………… (98)
　　（二）研究变量的描述统计 ………………………………… (100)
　　（三）组织社会化内容在组织社会化策略和后
　　　　果变量间的中介作用 …………………………………… (100)
　五　讨论 ……………………………………………………… (107)
　六　小结 ……………………………………………………… (109)

第八章　不同人口学组织学特征变量的差异分析 ………… (110)
　一　研究目的 ………………………………………………… (110)
　二　研究方法 ………………………………………………… (110)
　　（一）研究被试 …………………………………………… (110)
　　（二）研究方法 …………………………………………… (110)
　三　研究结果 ………………………………………………… (110)
　　（一）不同性别员工的比较 ……………………………… (111)
　　（二）不同年龄员工的比较 ……………………………… (112)
　　（三）不同教育程度员工的比较 ………………………… (113)
　　（四）不同工作年限的员工比较 ………………………… (115)
　　（五）不同工作种类的员工比较 ………………………… (117)
　　（六）不同企业性质的员工比较 ………………………… (119)
　四　讨论 ……………………………………………………… (120)
　五　小结 ……………………………………………………… (122)

第九章　研究结论与展望 …………………………………… (123)
　一　研究的主要结论 ………………………………………… (123)
　　（一）关于我国企业员工组织社会化4因素结构模型 …… (123)
　　（二）关于员工组织社会化的影响因素 ………………… (123)
　　（三）关于员工组织社会化对员工行为绩效等变量的影响 … (124)
　　（四）关于员工组织社会化内容对后果变量的中介作用 …… (124)
　　（五）不同人口学、组织学变量在员工组织社会化上的差异 … (124)

二 研究的创新之处 …………………………………………… (125)
三 对企业管理的建议 …………………………………………… (125)
　（一）针对员工组织社会化程度,设计合理的培训方案 ……… (125)
　（二）建立真正的学习型组织 ………………………………… (125)
　（三）组织社会化策略要和组织人力资源管理战略结合 …… (125)
　（四）组织应重视导师方案对员工组织社会化的作用 ……… (126)
　（五）对新员工组织社会化要和组织激励相结合 …………… (126)
四 研究的不足与展望 …………………………………………… (126)

参考文献 ………………………………………………………………… (128)

附录一 访谈提纲 ……………………………………………………… (139)

附录二 研究采用的问卷 ……………………………………………… (141)
一 员工组织社会化内容问卷（部分） ………………………… (141)
二 集体的与个别的组织社会化策略 …………………………… (141)
三 固定的与变动的组织社会化策略 …………………………… (141)
四 伴随的与分离的组织社会化策略 …………………………… (142)
五 绩效评估问卷 ………………………………………………… (142)
六 员工满意感问卷 ……………………………………………… (142)
七 组织认同问卷 ………………………………………………… (142)
八 员工离职意愿问卷 …………………………………………… (142)
九 内外控个性问卷 ……………………………………………… (143)
十 主动个性问卷 ………………………………………………… (143)

附录三 研究涉及的有关结构模型协方差矩阵 …………………… (144)

后记 …………………………………………………………………… (146)

表图目录

表2.1	不同学者对组织社会化的界定	(7)
表2.2	组织社会化策略类型表	(11)
表2.3	组织社会化的阶段理论：模式比较	(16)
表2.4	学者对组织社会化内容的归纳总结	(23)
表4.1	有效被试人口学、组织学特征统计（N=472）	(48)
表4.2	组织社会化内容结构因素分析结果（N=472）	(49)
表4.3	组织社会化内容结构压缩后因素分析结果（N=472）	(50)
表4.4	组织社会化内容问卷的描述统计结果（N=472）	(51)
表4.5	有效被试人口学、组织学特征统计（N=382）	(53)
表4.6	各种不同拟合指标的比较	(56)
表4.7	组织社会化内容结构验证性因素分析结果比较	(59)
表4.8	组织社会化内容各维度及总问卷内部一致性信度（N=472）	(61)
表4.9	项目与各维度总分之间的相关（N=472）	(62)
表4.10	各研究变量的平均数、标准差和相关系数矩阵（N=382）	(63)
表5.1	员工主动个性问卷探索性因素分析结果（N=472）	(71)
表5.2	员工内外控个性问卷探索性因素分析结果（N=472）	(72)
表5.3	集体/个别社会化策略问卷探索性因素分析结果（N=472）	(72)
表5.4	固定/变动社会化策略问卷探索性因素分析结果（N=472）	(73)
表5.5	伴随/分离社会化策略问卷探索性因素分析结果（N=472）	(73)
表5.6	影响因素变量因素负荷矩阵（N=472）	(74)
表5.7	各研究变量的平均数、标准差和相关系数矩阵（N=382）	(74)
表5.8	组织社会化与其影响因素典型相关系数检验结果	(76)

表 5.9	组织社会化程度和影响因素的标准化典型系数	(77)
表 5.10	影响因素和组织社会化的典型负荷结果	(78)
表 5.11	影响因素和组织社会化的典型交叉负荷结果	(79)
表 5.12	影响因素和组织社会化被典型变量解释的变异量	(80)
表 6.1	员工工作绩效问卷探索性因素分析结果（N=472）	(87)
表 6.2	员工工作满意度问卷探索性因素分析结果（N=472）	(87)
表 6.3	员工组织认同问卷探索性因素分析结果（N=472）	(88)
表 6.4	员工离职意愿问卷探索性因素分析结果（N=472）	(88)
表 6.5	效果变量因素分析结果（N=472）	(89)
表 6.6	各研究变量的平均数、标准差和相关系数矩阵（N=382）	(90)
表 6.7	测量模型的拟合程度指标（N=341）	(91)
表 6.8	测量模型中的标准化参数估计（N=341）	(91)
表 6.9	结构模型的各项拟合程度指标	(92)
表 6.10	潜在变量结构模型各项效果分析说明	(93)
表 7.1	组织社会化内容二阶验证模型拟合指标结果	(100)
表 7.2	各研究变量的平均数、标准差和相关系数矩阵（N=382）	(100)
表 7.3	组织社会化内容在组织社会化策略和工作绩效间的中介作用	(103)
表 7.4	组织社会化内容在组织社会化策略和工作满意间的中介作用	(104)
表 7.5	组织社会化内容在组织社会化策略和组织认同间的中介作用	(105)
表 7.6	组织社会化内容在组织社会化策略和离职意愿间的中介作用	(106)
表 8.1	人口/组织学变量和员工组织社会化程度的关系（N=854）	(111)
表 8.2	不同性别员工组织社会化内容平均数的 T 检验（N=854）	(111)
表 8.3	不同年龄员工组织社会化内容的差异比较（N=854）	(112)
表 8.4	不同教育程度员工组织社会化内容的	

	差异比较（N=854）	(114)
表8.5	不同工作年限员工组织社会化内容的 差异比较（N=854）	(115)
表8.6	不同工作种类员工组织社会化内容的 差异比较（N=854）	(117)
表8.7	不同企业性质员工组织社会化内容的 差异比较（N=854）	(119)
图2.1	组织社会化策略与后果变量假设示意图	(15)
图2.2	组织社会化过程模式	(18)
图2.3	组织社会化过程及各阶段之间相关变量	(18)
图2.4	新进员工的信息寻求模式	(27)
图2.5	组织社会化多层面研究模型	(37)
图3.1	研究总体构想	(39)
图3.2	研究过程示意图	(43)
图4.1	组织社会化内容4因素结构示意图	(57)
图4.2	组织社会化内容单因素结构示意图	(58)
图4.3	组织社会化内容2因素结构示意图	(58)
图4.4	组织社会化内容3因素结构示意图	(59)
图4.5	组织社会化4因素结构模型完全标准化解	(60)
图5.1	第一对典型变量典型结构图	(80)
图6.1	组织社会化对员工行为绩效影响的拟验证模型图	(84)
图6.2	潜变量路径分析图	(92)
图7.1	中介效应研究假设示意图	(98)
图7.2	组织社会化内容二阶验证性因素分析模型	(99)
图7.3	简化后的组织社会化内容一阶验证性因素分析模型	(99)
图7.4	中介变量完全中介模型示意图	(101)
图7.5	中介变量部分中介模型示意图	(101)
图8.1	不同年龄的员工在组织文化社会化维度上的差异比较	(113)
图8.2	不同年龄的员工在工作胜任社会化维度上的差异比较	(113)
图8.3	不同教育程度的员工在组织文化社会化 维度上的差异比较	(114)
图8.4	不同教育程度的员工在组织政治社会化	

　　　　　维度上的差异比较 …………………………………………（115）
图 8.5　不同工作年限的员工在组织文化社会化
　　　　　维度上的差异比较 …………………………………………（116）
图 8.6　不同工作年限的员工在工作胜任社会化
　　　　　维度上的差异比较 …………………………………………（116）
图 8.7　不同工作种类的员工在组织文化社会化
　　　　　维度上的差异比较 …………………………………………（118）
图 8.8　不同工作种类的员工在工作胜任社会化
　　　　　维度上的差异比较 …………………………………………（118）
图 8.9　不同工作种类的员工在组织政治社会化
　　　　　维度上的差异比较 …………………………………………（119）
图 8.10　不同企业性质的员工在人际关系社会化维度上的差异比较……（120）
图 8.11　不同企业性质的员工在组织政治社会化维度上的差异比较……（120）

第一章 引言

一 研究背景

自从美国管理学家彼得·德鲁克（Drucker）于1954年在其《管理的实践》(The Practice of Management) 一书中提出"人力资源"（human resource）一词后，越来越多的人们逐渐认识到人力资源是企业发展、国家致富和社会进步的根本源泉。尤其是当人类社会进入到以知识为主导的全新经济时代，企业管理从强调对物的管理逐步转向强调对人的管理，即把人看作是一种使组织在激烈竞争中生存和发展、始终充满着生机和活力的特殊资源来挖掘，其目的在于调动人的积极性，使企业更富有活力以达到企业资源的有效配置。

一项对美国293家企业的调查显示，人力资源管理的有效性对组织生产率、财务状况和股票市场价值等均有正面影响，这足以凸显人力资源作为企业核心竞争力的重要性。因此，有效的人力资源管理已成为企业发展和企业成功的关键，是企业获取竞争优势，取得可持续发展的一条重要途径。人力资源管理将成为21世纪管理学的核心问题（董克用，2001）。

在这样的背景下，从企业资源的观点看，对企业而言，企业必须依靠员工所拥有的知识来维持企业竞争力，而知识的载体——员工自然成为企业中最重要的资源。但是现在众多企业面临的一个困惑是员工对组织的不适应而导致员工低组织承诺、低工作绩效和高离职率等现象。研究表明，员工离职的主要因素之一就是组织社会化的不完善。美国企业员工在其职业生涯中平均每人更换8个工作，美国企业新员工或大学毕业生在第一份工作中的前18个月自愿离职情况甚为严重（Allen, 2004）。尽管一定的员工流动率对企业具有积极的影响，但大量的员工流失，尤其是核心员工的离职，势必会对企业造成不利影响。在人力资源活动频繁的情形下，对组织所造成的影响除了金钱和时间上的损失外，更严重的是具有发展潜力的优秀人才流失了。所以，了解员工在企业中的整个适应过程，并协助他们适应工作环境，使他们发挥应有的工作潜力，已成为目前企业人力资源管理部门最关心的课题之一。企业人力资源部门和各级主管必须了解员工（尤其是企业新员工）适应组织的机制，协助他们降低进入组织时的不确定性以便快速地融入组织，进而提升员工工作绩效和发挥工作潜力，促进企业的有效发展。

从历史的角度看，员工组织适应的一个研究视角就是员工组织社会化（organizational socialization），即是指员工为了适应组织而发展工作技能，了解工作所要求的工作行为以及组织文化等。事实上，对于社会化问题的研究，20世纪初很多学者就对其关注，但当时研究的视角注重儿童社会化过程。当时研究者认为，社会化仅发生在儿童时期，儿童通过社会互动来发展其人格。其后，许多学者对上述观点提出了反驳，他们认为儿童期的社会化过程固然重要，但是人的一生会不断遇到各种不同的情景或困境，随时都需要调整和适应，所以社会化可能发生在人生的各个阶段，并非仅仅在儿童时期。这样的研究开启了后续"成人社会化"研究的先河（Mortimer 和 Simmons, 1978; Porter 等, 1975; Rosow, 1974）。在成人社会化研究中，组织社会化在管理实践上具有相当重要的意义。1968年，美国组织行为学家薛恩（Schein）首先将"社会化（socialization）"概念引入组织以探讨员工适应组织的机制，提出了"组织社会化"的观点，用来解释员工如何从"组织外部人（outsider）"发展为"组织内部人（insider）"的过程，为企业如何传承组织文化和价值观提供了一个新的视角，对现代企业管理具有重要的实践意义。

研究表明，成功的社会化不但可以帮助企业管理者了解如何寻找合适的员工，挽留企业所需要的人才，节省庞大的招聘、甄选和培训成本；而且还可以促使员工产生对组织的正面态度，增强个人—工作匹配、工作满意度、组织承诺和工作绩效以及降低离职意愿等。因此，组织社会化对员工的影响力是深远长久的，成功的组织社会化会让员工感到满意，并对企业产生责任感和使命感，从而大大降低企业的人才流失率（Bauer, Morrison 和 Callister, 1998; Fisher, 1986）。相反，不成功的员工组织社会化则会给企业带来不利，最直接的表现就是人员流失。企业也因此会在招募和培训新员工上花费大量的时间、金钱，尤其是一些专业技术职位的花费会更多。在培训期间，新员工为企业的贡献几乎等于零，如果新员工在培训结束后离职，企业还要重新花费时间和金钱进行招聘。因此，组织社会化受到企业管理者和组织行为学家们的广泛重视，迄今已累积了丰硕的研究成果，俨然成为管理与组织行为学中一项重要的研究课题（Bauer, Morrison 和 Callister, 1998; Cooper - Thomas, Helena 和 Anderson, 2006; Porter, Lawler 和 Hackman, 1975; Saks 和 Ashforth, 1997; Wanous 和 Colella, 1989）。

二 问题的提出

在我国，员工组织社会化的研究还是新生事物。但是伴随着我国市场经济体系的不断发展和完善，开展组织社会化研究已经成为我国企业管理实践中面临的一个现实问题。其原因主要表现在：（1）改革开放后，我国社会环境发生了巨大变化，计划经济向市场经济转轨。转轨带来的最大变化就是员工和企业、组织关系的改变，企业不再是员工终生依靠的家了。再加上多种所有制和企业形式的出现，员工薪酬的支付方式和高低也存在多种多样，员工跳槽、离职等现象逐渐成为企业关注的话题。研究表明，我国企业新进员工离职率每年大约35%左右。（2）我国企业目前正处于经济体制的转型期，企业兼并、重组和改制等措施的出台，对员工心理产生了非同寻常的震撼。因此，在兼并、重组或改制后的企业中，员工如何更好更快的适应企业文化和企业使命，是企业改制中人力资源管理的一个重要环节。（3）从员工群体特征看，目前我国大部分新进员工出生于20世纪80年代，属于80年代新型员工。他们具有独立价值观、富有创造性、情绪变化大等个性特质。他们的传统职业道德观念很淡薄，看到周围的人都跳槽，所以自己也就跳槽；他们不喜欢受约束，强调自我实现，主要考虑自己，自己怎么想就怎么做，受纪律约束小，再加上受西方文化的影响，这些员工的流动性很强。因此，如何从组织社会化的视角帮助企业新进员工和改制后的企业员工更好地适应组织，充分调动员工的工作积极性，稳定员工队伍以提升企业竞争力，使组织和员工处于一种和谐状态，是摆在我国企业管理者面前的一项重要任务，这是本研究的实践意义所在。

此外，由于我国的社会、经济、文化背景等方面和西方国家存在差异。我国组织行为学有关研究表明，文化因素对管理的影响非常大（凌文辁等，1987，1991）。到目前为止，我国学者对组织社会化问题的探讨还刚刚开始，目前还没有实证研究成果公开发表。那么，我国企业员工组织社会化内容包括哪些？影响员工组织社会化的因素是什么？组织社会化对员工行为绩效的影响机制是什么？如何使员工和组织更好地适应不断变化的社会环境？这些都是值得探讨和需要解决的课题。因此，有必要结合时代特点和社会文化背景来研究员工组织社会化问题，这样不仅可以进一步丰富现有的组织社会化理论研究成果，为今后国内同类研究奠定基础，而且还可以为构建和谐社会和企业开展干预性培训员工提供理论支持。这是本研究的理论价值所在。

综上所述，开展员工组织社会化研究，不仅具有重要的理论意义，而且对我国企业组织培训、人力资源开发等具有重要的实践价值。

第二章 文献综述

组织社会化（organizational socialization）这一概念，是由美国管理心理学家薛恩（Schein）在 1968 年首先引入到组织管理中的，迄今累积的研究成果已相当可观，俨然成为组织行为学中一个重要的研究议题。1997 年《International Journal of Selection and Assessment》开辟了专刊来介绍组织社会化相关的研究成果。到目前为止，组织社会化研究虽然已经有近 40 年的历史，但国外组织行为学界仍存在着不同的争论。而我国对组织社会化的研究尚处于起步阶段，仅有少量文献介绍该方面的研究。由于组织社会化这个术语是从社会学、心理学等多学科领域引介到管理学领域的一个概念，因此，了解什么是组织社会化，必须先了解什么是社会化（socialization）。

一 社会化的含义

在日常生活中，我们常常听到诸如"服务社会化"、"后勤管理社会化"、"养老社会化"等词语，其含义是指将原来由国家或单位承担的事务推向社会，准许、提倡或要求全社会共同参与。这和社会学、心理学等学科领域中的社会化含义相差较远。在社会科学领域，社会化（socialization）是一个具有特定内涵的专门术语，它源于西方心理学界，后来逐渐引起了社会学家的关注。因此，社会化的研究内容涉及心理学、社会学、文化人类学、人类学等多学科视角和领域。目前，对社会化含义的解释主要集中在三个不同的学科，即心理学、社会学和人类文化学。下面是国内外不同学科领域的学者对社会化含义的不同观点。

19 世纪 90 年代，德国社会学家西美尔（Simmel）在其《社会学的问题》一文中首先使用了"社会化"的概念，用来描述群体的形成过程。这也是社会化的最初含义。

20 世纪中期，美国社会学家、结构功能主义的代表人物帕森斯（Parsons, 1961）扩展了社会化的研究范围，他认为社会化是个体角色学习的过程。

美国学者柯尼格（Koenig, 1963）从社会规范的观点来解释社会化，认为社会化是一种过程，个人由此成为他所出身的那个社会的一分子，其一举一动都要符合该社会的规范。

美国社会学家霍顿（Horton，1964）指出，社会化是个人将其团体规范内在化的过程，通过这个过程才有自我的出现，以区别个人的特性。

美国心理学家默顿（Morton，1984）指出："社会化指的是个体从他当前所处的群体或他试图加入的群体中，有选择地获取价值、态度、兴趣、技能和知识的过程。"

当代美国社会学家波普诺（Popenoe，1999）则把社会化定义为："是人们获得人格、学习社会和群体方式的社会互动过程，它从出生就开始了并持续一个人的整整一生。"

我国社会学家费孝通（1984）认为，社会化是指个人学习知识、技能和规范，取得社会生活的资格，发展自己社会性的过程。

黄育馥（1986）认为，社会化指一个人从小到大，学习社会或群体的行为模式或行为规范，并在某种程度上被诱导着去适应他所在社会或群体规范的过程。

奚从清、沈赓方（1989）认为，社会化是人和社会相互作用的结果，指个体通过学习知识、技能和规范等社会文化，积极适应社会并作用于社会，从而创造新文化的过程。

郑杭生（2003）认为，社会化是个体在与社会互动的过程中，逐渐形成独特的个性，从生物人转变成社会人，并通过社会文化的内化和角色知识的学习，逐渐适应社会生活的过程。

从上述众多有关社会化的定义中，可以发现，如果从社会化演变的路线来看，社会化研究有两个路线，第一个是从个体的角度，是指通过社会化途径，把具有自然属性的个体转变为具有社会属性的个体，成为一个掌握社会生活技能，适应社会生活方式的社会成员。第二个是从社会的角度，社会化是人类社会文明不断传递和发展的基本条件。所谓"社会人"就是掌握了社会群体行为方式，并将社会文化的主要内容内在化了的人。社会化的内涵对于社会来说关系到文化的继承、传递和延续。个体通过社会化过程将社会价值观、社会规范内化，学习和掌握知识技能，实际上就是继承、传递和保存了社会文化，这样才能在前人创造的物质文化和精神文化基础上，不断地推动社会的发展。

如果从不同学科对社会化研究的侧重点来看，社会化研究在社会学、心理学和文化人类学等领域具有不同的侧重点。社会学的社会化主要是研究社会化过程中人与社会的互动，重视社会规范的内化以及社会角色的形成；心理学的社会化主要从个性发展的角度来研究，认为个体的成长、个性及人格的形成过程即是社会化;而文化人类学则从社会文化的视角来研究社会化,把社会化过程视为社会文化的内化过程,注重文化模式对其成员共有行为的影响。因此,我们认为社会化的实质是个人和社会相互依存、相互促进的运作过程,是个体发展的一种本质属性。

有关社会化问题的研究,20世纪初期的主要研究视角是注重儿童社会化过程。研究者认为社会化仅发生在儿童时期,儿童通过社会互动来发展和完善其人格。后来,许多学者认为儿童期的社会化过程固然重要,但是人的一生会不断遇到各种不同的情景或困境,随时都需要调整和适应,所以社会化过程并非仅仅发生在儿童时期,在个体生命历程的不同阶段均可能发生,从而开启了"成人社会化"研究的先河(Porter,Lawler和Hackman,1975;Rosow,1974)。在成人社会化研究中,组织社会化在企业管理实践上具有相当重要的意义,即把社会化的观点运用到组织中,其研究重点是,在一个组织中,新进员工为了适应特定的组织角色所需要学习的内容和经历的过程,以解释员工如何从"组织外部人(outsider)"发展为"组织内部人(insider)",为企业培训新员工、传承组织文化和价值观提供了一个新的视角,对现代企业管理具有重要的实践意义。

二 组织社会化概念辨析

(一)前人的定义

组织社会化概念被薛恩(Schein,1968)引入到组织后,随着组织社会化研究的不断深入,不同领域的学者对其含义的界定各有侧重,到目前为止,仍没有一个学术界普遍接受的概念。纵观组织社会化研究的发展过程,我们整理了比较有代表性的有关组织社会化定义,如表2.1所示。从表中可以看出,组织社会化的定义已经从最初的"学习组织中的工作诀窍(learning the ropes)",发展到"个人从组织的外部人(outsider)成为欣赏组织价值观、其行为能被组织所接受的组织内部人(insider)"的过程。也从最初以企业组织中的成员转变、适应过程为研究焦点(Schein,1968;Van Maanen,1976),发展到把组织社会化视为是连续的(continuous)和终身的(life-long),贯穿员工整个职业生涯的过程(Chao,1994)。

(二)本研究的定义

通过上述分析,我们对组织社会化作如下定义:组织社会化是个体为了适应所在组织的价值体系、组织目标和行为规范而调整自己态度和行为的学习过程。该定义可以从以下几个方面分析:(1)组织社会化对象。通常在组织社会化研究中，组织社会化的对象仅限于新进员工。事实上，组织社会化过程在个体整个职业生涯中不断发生。刚刚进入组织的员工、组织内工作轮换或职位升迁的员工、经历组织变革的员工以及外派员工等均能感受到组织社会化的力量，这其中以刚进入组织的新员工感受最为深刻。对新进员工而言，组织社会化是员工学习适应新的工作环境、工作角色和组织文化，使自身的行为与工作要求及他人期望达成一致的过程；对于老员工而言，组织社会化是适应工作环境变革和组织角色的一种调适（adjustment）过程。（2）员工在组织社会化过程中的地位。在组织社会化过程中，组织常常采用多种策略以促使员工更快地适应组织，员工是处于被动接受的地位。但是新员工也可以扮演主动的角色，他们会主动收集有关组织的信息以加速自己社会化的过程。因此，员工在组织社会化过程中不仅被组织塑造，而且还会主动学习有关组织方面的知识。（3）组织社会化的过程。组织社会化是一个终生的过程，它伴随个体的整个职业生涯。在员工职业生涯的不同阶段均存在不同的组织社会化任务。（4）对员工个体而言，组织社会化是个体的学习过程，在该过程中个体和群体或组织发生互动影响，进而了解组织价值观、组织文化、获得所需要的工作技能等；对组织而言，组织社会化目的是确保员工遵从和分享组织的共同价值观与规范以保持对他们的控制，从而使员工适应所在的组织，增强员工组织承诺，提升组织绩效，降低员工离职率。

表2.1　　　　　　　　　不同学者对组织社会化的界定

研究者	界　　定
薛恩 （Schein，1968）	是指新进员工进入组织，学习在组织中有效表现的一些诀窍的过程，即学习和适应一个组织的价值观、规范及所需要的行为模式的过程。这个学习过程是个体被组织灌输或培训的过程
范玛内姆 （Van Maanemm，1979）	是组织成员受教育和学习某一组织既定角色的过程
温特伍斯 （Wentworth，1980）	是一种活动，是指新进员工加入一个既定组织的行为活动
路易斯 （Louis，1986）	组织社会化是使员工了解承担组织角色或成为组织成员所需要的价值观、能力、期望的行为及社会知识的过程
费舍 （Fisher，1986）	是一种学习的过程，是指新进员工在进入组织时，需要获取不同信息的一种调适过程，期待其行为能够符合组织的要求

续表

研究者	界定
杰布林 (Jablin, 1987)	组织社会化是描述新进员工对组织的期待及对组织的调适
查塔姆 (Chatman, 1991)	组织社会化的主要目的是让新进员工了解组织文化,形成一种共享的价值观
莫里森 (Morrison, 1993)	是一种学习过程,其行为和态度必须符合组织角色
乔 (Chao 等, 1994)	是一种学习的过程。从个体角度看是指个人适应或调适组织内的新角色,以及为调适这个新角色而学习一些相关的新信息;从组织角度看,是指通过正式训练程序帮助新员工适应组织
塞克斯 (Saks 等, 1996)	是指新员工学习如何扮演工作中的角色,以及如何调适组织的环境与文化
鲍尔 (Bauer 等, 1998)	是指新员工使个人的态度、行为及知识能被组织内的其他成员所接受的过程
蒂莫西 (Timothy, 2000)	组织社会化是一种持续不断的调适过程
菲尔斯塔德 (Filstad, 2004)	组织社会化是指新员工进入组织到成为该组织既定成员过程中涉及社会和文化方面的所有学习

三 组织社会化的理论基础

有关组织社会化理论,不同学科之间的学者存在不同的看法,这是因为组织社会化涉及心理学、社会学和文化学等多学科领域。概括而言,其理论来源主要有以下 3 种理论。

(一) 不确定降低理论(uncertainty reduction theory)

不确定降低理论是研究组织社会化策略、组织培训和员工组织信息寻求策略的基础,是解释激励个体寻求信息的一个途径(Berger, Calabrese, 1975)。该理论指出,新员工在刚进入组织时会遇到不同程度水平的不确定性(uncertainty)。不确定理论的主要假设认为,在进入组织早期和组织互动的过程中,新进员工对所遇到的不确定性,他们本身具有降低这些不确定性的动机(Heider, 1958)。这种动机促使新进员工如同组织中其他成员一样，需要通过多种沟通渠道来获得有关组织信息以降低他们所遇到的不确定性，从而使工作变得可预测、可理解，让自己尽快融入到企业现实环境中。当不确定性降低后，新进员工将会表现出能够熟练地完成工作任务，对工作较满意和愿意留在组织中（Morrison，1993）。这是因为组织社会化是通过降低新进员工的高度不确定性和焦虑来影响员工对组织的调适。米格内尔等（Mignerey，1995）指出，组织社会化策略影响信息的有效性和获得性，以及新员工降低不确定的反馈程度。贝克（Baker，1995）认为，角色确定是组织社会化策略的一个重要的潜在因素。塞克斯（Saks，1996）也认为，员工在刚进入组织时所接受培训的数量和有效性与他们降低焦虑的水平有关。在该理论基础之上，米勒和杰布林（Miller 和 Jablin，1991）提出了新进员工信息寻求的模型。

（二）社会认知理论（social cognition theory）

组织社会化研究的第二个理论基础是班杜拉（Bandura）的社会认知理论。根据社会认知理论的观点，个体行为和心理机能可以根据行为、认知/个人因素、环境事件三者间相互作用、相互影响的因果关系来解释（Bandura，1986，1997）。对组织机能而言，社会认知理论的3个方面被看作是尤为相关，这3个方面是替代学习、角色掌握和自我控制。因此，社会认知理论将焦点着重放在个体习得社会化内容的方式上，该理论认为组织成员除了能够通过直接经验来加以学习外，还可以通过观察学习（observational learning）或替代性学习（vicariouslearning）的方式来获得组织社会化的内容。所谓观察学习，又称替代性学习，是指组织成员通过观察他人的行为而加以学习。针对观察学习需要指出两点：（1）组织成员通过观察学习所获得的行为，不一定会表现出来，表现与否视表现后所获得的报酬而定；（2）观察学习并非机械地模仿他人的一举一动，而是组织成员在观察他人行为后，再从中仔细地挑选出合适的榜样和案例，并将它们结合成全新的行为。因此，班杜拉（Bandura，1977）指出，观察学习是包括注意、保留、动作产生和动机等4个阶段的学习过程。

社会认知理论被有关组织社会化过程的研究所采纳。如奥斯特弗和凯津洛斯（Ostroff 和 Kozlowski，1992）的研究表明，新员工通过观察和试验能够从角色榜样（上司和同事）那里获得有关任务和角色的信息，这和社会认知理论是一致的。阿希弗斯（Ashforth，1996）的行为自我管理（behavioral self-management）理论也是基于社会认知理论中的自我控制成分而提出的。

（三）认知—理解理论（cognitive and sense making theory）

理解（sense making）是一个思考的过程，在这个过程中，员工通过和内部人员的互动、归因过程和认知图式的选择，阐释和归因所遇到的惊奇的意义。路易斯（Louis, 1980）的社会化认知理论认为，新员工试图理解在组织社会化过程中所遇到的惊奇（surprise），他们会主动寻求和获得有关组织的信息。凯兹（Katz, 1980）指出，新员工试图通过社会互动来建构组织现实和具体的角色识别情景，这也是个体对其所在组织环境的解释图式或认知地图的形成过程。认知—理解理论对理解员工组织社会化过程有很大益处。比如，该理论支持了有关信息寻求和获得的研究。该理论还指出，通过和组织内部员工互动以获得既定角色是组织社会化策略的一个重要潜在因素（Baker, 1995）。

四 员工组织社会化主要研究视角

尽管员工组织社会化在西方组织行为学界是一个研究亮点，但到目前为止仍没有一个统一的理论来整合有关组织社会化的研究视角，研究者从不同的理论和研究视角对组织社会化进行探讨。从现有文献看，目前员工组织社会化研究主要集中在4个方面：组织社会化策略研究、组织社会化过程研究、组织社会化内容研究和员工主动寻求信息研究。

（一） 组织社会化策略研究

组织社会化策略是指组织通过某种特定策略（tactics）或方式促使员工组织社会化的过程，以使员工成为组织所期望的角色。范玛内姆和薛恩（Van Mannen 和 Schein, 1979）首先提出了6种组织对新员工所采取的社会化策略，每种社会化策略都是由相互对立的两个概念组成。这6种社会化策略分别是：集体的—个别的社会化策略（collective - individual tactics），正式的—非正式的社会化策略（formal - informal tactics），固定的—变动的社会化策略（fixed - variable tactics），连续的—随机的社会化策略（sequential - random tactics），伴随的—分离的社会化策略（serial - disjunctive tactics），赋予的—剥夺的社会化策略（investiture - divestiture tactics）。但是，范玛内姆和薛恩（Van Mannen 和 Schein, 1979）的分类方法在管理实践中难以实施。后来，琼斯（Jones, 1986）进一步整合了上述六种社会化策略，他认为如果组织采用集体的、正式的、固定的、连续的、伴随的、赋予的等6种社会化策略，实际上是鼓励员工被动接受组织预先设定的角色，从而使组织维持现状，称之为制度化策略（institutional tactics）。如果组织采用个别的、非正式的、随机的、变动的、分离的和剥夺的等6种社会化策略，目的是鼓励员工保持个体特性，主动解释在组织中的个体角色，称之为个体化策略（individual tactics）。同时他将上述 6 种社会化策略归纳为 3 种因素：情景因素、内容因素和社会因素（见表 2.2）并编制了组织社会化策略问卷。

表 2.2　　　　　　　　　组织社会化策略类型表

因素	制度化策略社会化	个体化策略社会化
情景因素	集体的	个别的
	正式的	非正式的
内容因素	固定的	变动的
	连续的	随机的
社会因素	伴随的	分离的
	赋予的	剥夺的

1. 情景因素（context factor）

主要探讨组织给新进员工提供信息的背景差异，包括集体的与个别的社会化策略，正式的与非正式的社会化策略。

（1）集体的与个别的社会化策略

集体的社会化策略是指组织将新进员工集中起来，通过提供一套通用的学习经验使新进员工对其职务产生标准化反应，其目的是使新进员工形成对组织认同、团结和忠诚。这种社会化策略具有经济有效、容易执行、效率高且能够维持组织传统的模式等优点（Van Maanen 和 Schein，1979）。这是因为集体的社会化策略使新进员工有机会参与讨论，获得其他人的帮助并分享经验，通过这种互动能再次加强组织对个别职务的定义并使员工产生"同舟共济"的感觉（Van Maanen，1978；Becker，1964）。

个别的社会化策略与集体社会化策略相反，是指组织对员工进行个别教育并提供新进员工一套特别的学习经验使他们对其职务产生差异反应。比如，组织可以通过师徒方案（apprenticeship program）、具体的实习生（specific intern）和受训者任务指派（trainee assignments）等策略，给新进员工进行工作示范（Van Maanen 和 Schein，1979）。因此，个别的社会化策略对新进员工的影响是个别的和独立的，而且能够使新进人员和示范者产生良好的人际关系（Caplow，1964）。

范玛内姆和薛恩（1979）、琼斯（1986）在研究中指出，集体的社会化策略容易导致员工固定的角色倾向（custodial role orientaion），使新进员工被动地接受现状及有关他们职务和角色的要求；而个别的社会化策略则通过给新进员工提供发展差异性及创新性的职务反应（response）机会，鼓励他们改善旧有的组织角色，容易导致员工创新的角色倾向（innovative role orientation）。

（2）正式的与非正式的社会化策略

正式的社会化策略是指在组织社会化过程中，把新进员工与其他组织成员分开，通过有计划性的训练让他们理解工作环境和工作角色（Van Maanen 和 Schein, 1979）。越正式的组织社会化策略，越容易使新进员工获得一套清楚明确的标准，若离开目前组织（或者工作），所学到的技术和规范不容易转移和应用到新组织（或者工作）中。

非正式的社会化策略则是指没有将新进员工与其他有经验的组织成员分开而直接安排他们工作，让他们在真实的工作环境中通过尝试进行学习。这种社会化策略能够维持员工的个体差异，使员工对组织的问题和政策提出新的看法。因此，范玛内姆和薛恩（1979）认为，正式的社会化策略能够提高新进员工接受由组织中资深成员对新员工工作角色的界定，并使新进员工拥有共同的价值观、态度和规范等。尤其是当正式的社会化策略和集体的社会化策略共同使用时，新进员工对工作角色的认同、对组织价值观和组织规范的接纳更为有效。相反，非正式的社会化策略和个别社会化策略则允许新进员工较大弹性地去界定其组织角色和应该采取的行为反应。

2. 内容因素（content factor）

主要探讨在组织社会化过程中组织给新进员工提供的信息内容，包括连续的与随机的社会化策略，固定的与变动的社会化策略。

（1）连续的与随机的社会化策略

连续的社会化策略是指给新员工提供组织社会化所必需经历的一系列活动信息以达到组织所期望的角色要求。这种社会化策略使新进员工了解在组织内必须经历的各个阶段和顺序（Jones, 1986）。比如，如果想成为一名教师就必须经历取得教师资格证书、学校实习等阶段，通过不同的阶段来累积教学经验，以培养具有能够胜任教学工作的能力（Gordon, 1977）。

随机的社会化策略则允许员工较大自由地去解释其角色和在组织中的发展，因此容易导致员工角色创新。虽然有时组织也实施一些步骤或阶段来引导新员工了解其组织角色，但却没有一定的顺序（Van Maanen 和 Schein, 1979）。这种随机提供信息的方式，允许员工较大自由地去解释其角色和在组织中的发展，因此较易导致创新型的角色倾向。而连续的社会化策略则由于具体指出了新进员工在各个阶段所应完成的各种角色，因而容易导致低创新型角色（Jones，1986）。

(2) 固定的与变动的社会化策略

固定的社会化策略给新员工提供明确的时间表，使其了解在社会化过程中经历各不同阶段所需要花费的时间，而变动的社会化策略则不提供新进员工有关达到某一阶段所需时间的信息（Jones，1986）。范玛内姆和薛恩（1979）认为，固定的社会化策略会使员工产生安全感，进而导致角色遵从（role conformity），即保留的角色倾向（custodial role orientaion），而变动社会化策略则导致创新的角色倾向（innovative role orientation）。

3. 社会因素（social factor）

主要探讨组织社会化的人际和社会层面，包括伴随的与分离的社会化策略，赋予的与剥夺的社会化策略。

(1) 伴随的与分离的社会化策略

伴随的社会化策略是指安排有经验的员工辅导新进员工进行社会化，有经验的组织员工作为角色榜样（role model）使新员工跟随其学习（Jones，1986）。伴随的社会化策略强调新进员工和组织中老员工的互动，希望员工之间能够友好、信任，同时让新进员工能以那些较有经验的同事为学习榜样，从而维持组织的传统风格。分离的社会化策略则是指，在社会化过程中组织不提供有经验的员工指导新员工，而是由新员工独自探索和发展其组织角色（Van Maanen，1978）。

范玛内姆（1978）认为，伴随的社会化策略有助于新进员工学习有关工作的程序和技能，当新进员工有问题时，就能马上有伴随者回答。但其缺点是如果榜样角色士气低落，无法以身作则，或感受到新员工对其威胁，就会对新员工产生不好的影响。因此，当组织采取伴随的社会化策略时，不易产生创新倾向。分离的社会化策略则由于无伴随者，新进员工没有角色榜样可效仿或学习，因此容易产生创新的倾向（Jones，1986）。

(2) 赋予的与剥夺的社会化策略

赋予的社会化策略是指组织肯定新进员工的个人特征和他们以前的某些观念，尤其是那些对组织有益的特征和观念。剥夺的社会化策略是指组织对新进员工原有的知识、行为等特征加以否定，并试图通过组织社会化过程重新使员工形成组织所需要的工作态度、知识或经验等（Van Maanen和Schein，1979）。琼斯（1986）根据新进员工获得组织中有经验成员的社会支持程度，对赋予的和剥夺的两种社会化策略的定义加以区分，如果新进员工获得有经验员工的正面社会支持，则为赋予的社会化策略，反之，则为剥夺的社会化策略。

范玛内姆和薛恩（1979）认为，由于赋予的社会化策略对新进员工过去的经验提供了正面支持，从而使员工自信心加强，因此容易导致创新的角色导向；而剥夺的社会化策略相反，容易导致保留的角色倾向。但是，琼斯（1986）对上述看法提出了质疑，他认为，正是由于赋予的社会化策略强调了员工进入组织前和进入组织后的一致性（conformance），从而使新进员工更加相信其能力并对自己感到满足，结果容易导致固定的角色倾向。而剥夺的社会化策略强调的是员工进入组织前和进入组织后的不一致性（disconformance），从而使新进员工产生超越其能力的动机，进而使他们对组织中有经验的组织成员所提供的角色界定提出新的看法，结果容易导致创新型的角色倾向。

一般来说，组织在实践中通常采用赋予的社会化策略，尤其是对组织高层人事的任用，这些人之所以被聘用，就是基于他们过去的经验所带来的工作特质。然而，对大多数组织而言，组织最大的难题是如何去除新进员工的某些不利特质。在员工选拔过程中，企业都已经找到了具有高潜质的新员工，对组织而言，当新进员工进入组织后，组织所要做的是对他们略加塑造，以增进新员工和组织的匹配程度。

4. 小结

研究表明，不同组织社会化策略对员工态度和行为的影响存在差异（Timothy，2000；Gruman 等，2006）。琼斯（1986）指出，制度化社会化策略实际上鼓励新进员工被动适应组织现状，容易导致角色固守倾向，个体化社会化策略则鼓励员工发展多种角色适应模式，容易产生角色创新倾向。阿希霍斯和塞克斯（1996）、金和塞思（1998）指出，制度化社会化策略能促使新员工具有高工作满意度、高组织承诺、高组织认同和低离职意图，而个体化社会化策略则易导致新进员工较高的角色创新、高角色模糊、高角色冲突、高压力症状及高工作绩效（如图 2.1 所示）。此外，克恩和威沃（Klein 和 Weaver，2000）研究发现，参加正式组织导向培训的员工与没有参加组织导向培训的员工相比，在组织目标和价值观、组织历史、组织中人际关系 3 个维度上存在差异。但是，对不同的组织而言，组织结构、组织规模和工作设计等变量影响组织社会化策略的运用。一般而言，组织结构越机械、组织规模越大、新员工工作的激励潜力越大，越倾向于制度化策略（Ashforth 等，1998）。因此，对组织而言，应根据员工个人发展情况采取相应的组织社会化策略来协助他们适应组织。

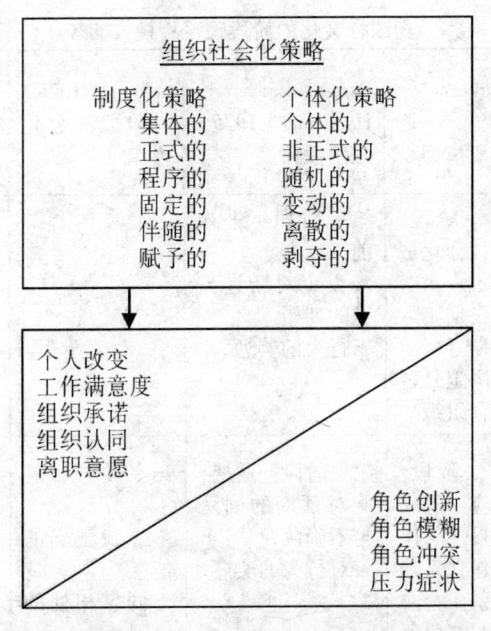

```
           组织社会化策略
    制度化策略      个体化策略
      集体的         个体的
      正式的        非正式的
      程序的         随机的
      固定的         变动的
      伴随的         离散的
      赋予的         剥夺的

  个人改变
  工作满意度
  组织承诺
  组织认同
  离职意愿
                    角色创新
                    角色模糊
                    角色冲突
                    压力症状
```

图 2.1　组织社会化策略与后果变量假设示意图
资料来源：Ashforth 和 Saks（1996）。

（二）组织社会化过程研究

1. 不同组织社会化过程研究比较

所谓员工组织社会化过程，是指员工从组织外部人员（outsiders）转变为具有参与性和有效性的内部人员（insiders）的学习过程（Feldmam，1976）。这是目前组织社会化文献中研究数量最多的视角。事实上，在组织社会化过程中，由于员工个人以前的价值观、态度和行为受到冲击与影响，他们需要不断地调整或内化有关组织/团体的期望与行为规范，熟悉工作技能，最终才能成为组织或工作团体中的一员。对于组织社会化过程的研究，学者们划分了不同阶段的社会化过程，每一阶段均有不同的社会化任务，如巴切恩（Buchanan, 1974）三阶段职业生涯模式（career model），费尔德曼（Feldman, 1976）的权变理论（contingency theory of socialization），波特和劳勒（Porter 和 Lawler, 1975）的三阶段进入模式（entry model），薛恩（Schein, 1978）的三阶段社会化模式以及 Wanous（1980）的整合模式等。表 2.3 是将各个阶段模式加以整合比较。下面对费尔德曼（Feldman，

1976）的权变理论，波特和劳勒（Porter 和 Lawler，1975）Porter、Lawler 和 Hachman（1975）的三阶段理论模式进行简要介绍。

表2.3　　　　　　　　组织社会化的阶段理论：模式比较

Buchanan (1974) 三阶段早期职业模型	Feldman (1976) 三阶段模型	Porter、Lawler 和 Hachman (1975) 三阶段模型	Schein (1978) 三阶段社会化模型	Wanous (1980) 社会化阶段的四阶段整合模型
	第一阶段：前社会化—准备进入 *设定实际预期 *决定是否契合组织	第一阶段：进入前 *设定对新进员工的期望 *行为的奖惩		
第一阶段：训练与投入（第一年） *厘清角色 *建立与同事的凝聚力 *对预期的确认和不确认 *忠诚、组织内与外的利益冲突	第二阶段：适应—进入 *投入工作 *建立人际关系 *厘清角色 *自己与组织绩效评估的契合	第二阶段：遭遇 *对预期的确认与不确认 *对行为的奖惩	第一阶段：进入 *寻找正确的信息 *同事相处的氛围 *双方建立错误的预期 *工作选择时的正确信息	第一阶段：面对与接纳组织真实面 *对预期的确认与不确认 *个人价值与组织气候的冲突 *发现可被奖惩的行为
第二阶段：绩效（第二、三、四年） *对组织规范的承诺 *自我形象被组织强化 *解决冲突 *个人重要性的感知	第三阶段：角色管理—定位 *工作外个人兴趣与组织要求的符合程度 *工作场所中冲突的解决	第三阶段：改变与收获 *自我形象的改观 *新关系的形成 *新价值观的采用 *新行为的培养	第二阶段：社会化 *接受组织的真实情况 *处理对改变的抗拒 *组织气候与个人需求的契合 *组织对员工绩效的评价 *处理太模糊或结构化的问题	第二阶段：厘清角色 *开始投入工作 *定义人际关系的角色 *抗拒改变的处理 *个人与组织绩效评估的契合 *处理结构性与模糊的问题

第二章 文献综述

续表

Buchanan (1974) 三阶段早期职业模型	Feldman (1976) 三阶段模型	Porter、Lawler 和 Hachman (1975) 三阶段模型	Schein (1978) 三阶段社会化模型	Wanous (1980) 社会化阶段的四阶段整合模型
				第三阶段：个人在组织中的定位 ＊学习与组织预期一致的行为 ＊解决工作内与工作外的利益冲突 ＊工作挑战激发工作承诺 ＊新人际关系、新价值观与改变后的自我形象
			第三阶段：互相接纳 ＊组织接纳的征兆 ＊新进员工接纳的征兆 ＊对组织承诺 ＊对工作承诺	第四阶段：观察社会化成功的征兆 ＊组织依赖与承诺 ＊高度一致性满足 ＊相互接纳的感觉 ＊工作投入与内在动机增加
第三阶段：组织依赖（第五年以后） ＊个人经验多样化				

注：综合 Wanous（1980，1992）、Feldman（1976）的理论整理。

2. 波特和劳勒（Porter 和 Lawler，1975）三阶段观点

波特和劳勒（Porter 和 Lawler，1975）认为，组织社会化过程可以划分为职前期（pre – arrival）、遭遇期（encounter）、蜕变期（metamorphosis）三个阶段。如下页图 2.2 所示。

（1）职前期：指新进员工在进入组织前所发生的学习。组织社会化的范围包括组织提供相关的工作技能，明确的工作价值观、态度和期望，以及任何与组织相关的整体信息。

（2）遭遇期：指新进员工正式进入组织后，他们就会经历遭遇期。此时新进员工真正认识到组织实际的特征（Feldmam，1976），并有可能面临个体的期

望与组织现实存在差距的情形。如果新进员工的期望与组织的期望相吻合，便会强化员工的以前期望。但如果期望与现实间有差距，新进员工必须经历新的社会化过程，使自己原有的态度、价值观等符合组织要求。如果员工在期望与现实间难以取得平衡，他们便有可能会辞职。因此，个体在遭遇阶段所接受的有关组织信息，对个体的态度反应和是否留在组织中具有关键的作用。

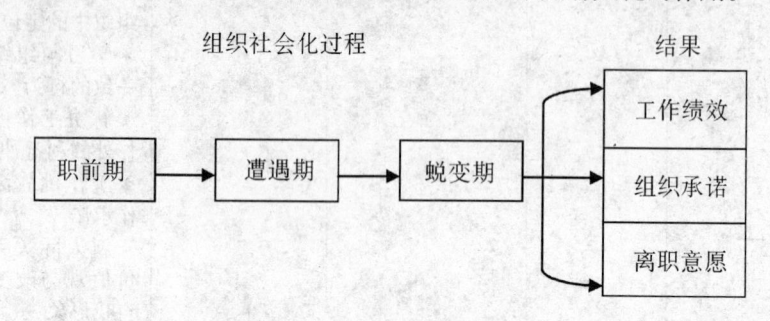

图 2.2　组织社会化过程模式

（3）蜕变期：在成功解决遭遇期所面临的问题后，新进员工会适应组织，逐渐内化组织和工作团体的规范从而被团体成员所接纳，在行为与态度上也会产生持久性的改变（Feldman，1976）。同时，他们掌握了工作所需要的技能，能够完成团体所交给的任务，能够执行其组织角色，具有良好的组织适应而愿意留在组织中。

3. 费尔德曼（Feldman，1976）权变理论

比较而言，费尔德曼（Feldman，1976）提出的组织社会化权变理论（contingency theory of socialization）较受到研究者的关注。该理论认为组织社会化过程包括三个阶段：预期社会化阶段（anticipatory socialization stage）、适应阶段（accommodation stage）和角色管理阶段（role management stage）。上述三个阶段是依序发生的，每个阶段会直接影响到下一个阶段社会化的效果，每个阶段均可单独评价员工组织社会化成功与否，其模式如图 2.3 所示。

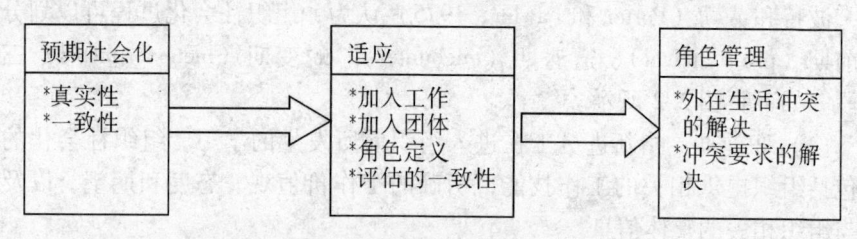

图 2.3　组织社会化过程及各阶段之间相关变量
资料来源：Feldman，1976。

(1) 预期社会化阶段

该阶段主要是指新进员工进入组织前的所有学习，也称为入职前阶段（Porter，Lawler 和 Hackman，1975）。作为求职者，新进员工如果能成功地获得与评估组织的有关信息，对组织现实（reality）的工作状况就会有一个完整而正确的了解。同时，如果组织的资源与个人需要一致性（congruence）程度越高，个人接受该组织的可能性就越大。该阶段主要是员工收集与评估相关的组织信息，并将自己的情况传递给组织招聘者，从而决定接受哪一份工作。研究结果显示，预期社会化程度低的新进员工具有低工作满意度、低组织承诺、低工作动机和低工作卷入等行为和态度变量；预期社会化程度高的新进员工能够感觉到组织尊重他们，能较好地控制工作，且工作富有挑战性，他们能更好地理解组织文化（Holton 和 Raussell，1997）。现场报告研究也表明，很多大学毕业生对组织现实都没有做好充分的预期准备，甚至多数大学毕业生不具备成功进入组织的技巧（Nicholson 和 Arnold，1991）。因此，新员工通常有较高的离职率（一般在 50% 左右）（Leibowitz，Schlossberg 和 Shore，1991；Gardner 和 Lambert，1993）和较低的满意度（Morrow 和 McElroy，1987）。

(2) 适应阶段

一般认为，个体刚开始接触到组织的时期是社会化过程中最具有决定性的一个阶段（Van Maanen，1976）。这个阶段包括波特和劳勒（Porter 和 Lawler，1975）和范玛内姆（Van Maanen，1975）所提出的遭遇期和部分蜕变期。在这个阶段，新进员工必须学习新的职务、建立新的人际关系、澄清个人在组织中的角色和评估个人在组织中的发展。有四个指标可以衡量适应阶段员工组织社会化的程度。

①投入工作（initiation to the task）：指个人能够胜任工作岗位和能够被工作团体所接纳的程度，显示了员工是否成功地学会了新的工作职务。

②加入团体（initiation to the group）：指个人被同事接受或信任的程度，显示了个人是否成功地建立了新的人际关系。

③界定角色（role definition）：指个人在组织中，该完成什么任务、任务的优先顺序和时间分配，以及个人与所在工作团体看法是否一致的程度。显示了个体是否成功地界定自己角色的程度。

④评估一致性（congruence of evaluation）：指对个体在组织中的进展，个体与主管的评估达到一致的程度。显示了个体在组织中的发展及其优缺点，个人与主管取得一致认同的程度。

(3)、角色管理阶段

指个人在工作团体中的问题虽然已暂时得到解决，接下来，他们必须解决个人与工作团体以及其他团体间的冲突，包括：

①外在生活冲突的解决（resolution of outside life conflicts）：降低家庭生活和工作冲突对个人情绪的影响程度。由于工作—生活时间表对员工家庭的要求、个人外在生活均会产生影响，没有解决好这些冲突的员工可能会在他们职业生涯的某一阶段离开公司，或者产生情绪萎缩。这种外在冲突对女性员工尤为普遍。

②冲突要求的解决（resolution of conflicting demands）：降低组织内工作团体间的冲突对个人情绪的影响程度，并且能够运用已有的既定规则来解决这类冲突。由于其他部门的成员可能不会接受一名新进员工对其工作的界定，同时，工作团体对新进员工的期望有很大差异。受这些冲突所困扰以及尚未掌握处理这些冲突原则的新进员工不得不投入他们更多的时间和精力处理在工作团体间遇到的这些冲突，结果，他们在工作要求上投入的精力和时间就变得很少。

(4) 组织社会化产生的结果

费尔德曼（Feldman, 1976）认为，有4个变量可以反映员工组织社会化的结果程度：

①总体满意度（general satisfaction）：指员工对其工作是否满意和愉快的程度（Hackman 和 Oldham, 1976），有两种组织结果和总体满意度相关联。首先是缺勤率和离职率，研究结果表明，越满意的员工在组织中的时间越长且缺勤率较低；其次是工作绩效，研究表明，在一定条件下工作满意度和工作绩效的中等程度提高有关。费尔德曼（Feldman）认为有4个变量和满意度呈正相关：一致性、角色界定、冲突要求的解决和外在生活冲突的解决。其中，一致性和工作满意度最强，个体和工作越匹配，员工对工作场所也会越满意。

②相互影响（mutual influence）：指员工对其部门所完成工作的方式的控制或影响程度，即员工提供建议的权力以及被主管接受的程度。范玛内姆（Van Maanen）指出，如果组织社会化过程导致大量过度服从的员工，通常认为组织社会化是不成功的。一般来说，尽管员工必须接受组织的影响作为被雇用的条件，但确保员工对组织一定程度的有效影响，有助于员工更好的创造性发挥和组织参与性。在预期社会化阶段，工作胜任力和一致性这两个变量和相互影响存在相关。这是因为当员工认为自己能胜任工作时，他们才试

图改变与同事或上司工作关系的活动。此外，工作胜任也是员工能够获得对组织提出有关建议的前提。

③内在工作动机（internal work motivation）：指员工能够自我激励，并有效地完成工作的程度（Hackman 和 Oldham，1976）。弗鲁姆（Vroom）认为内在工作动机与工作绩效有直接的相关性。

④工作投入（job involvement）：是指员工个体致力于他们工作的程度（Lodahl 和 Kejner，1965）。怀纳和杰希曼（Wiener 和 Gechman，1975）、卡茨和卡恩（Katz 和 Kahn，1978）认为工作投入和组织社会化过程中所学习的组织价值观有关联，而工作投入也和组织目标的内化有关。

4. 小结

从表 2.3 有关组织社会化过程的理论分析中，我们可以简单地把组织社会化过程划分为三个阶段：第一个阶段为准备阶段，指在新进员工进入组织前，为进入组织所做的各项准备。此时，员工尚未进入组织，正在收集相关的组织资料，以评估进入某一组织的可能性，他们对组织的期望同时也在形成。如果员工和组织能够彼此传递真实的信息，同时，员工能够较好地契合组织，则可以加速员工进入组织后的组织社会化进程速度。在以上五种组织社会化阶段模式中，除费尔德曼（Feldman，1976），波特和劳勒（Porter 和 Lawler，1975）提到此一阶段，其余学者皆未涉及。

第二阶段为适应阶段。在此阶段，员工开始进入组织，在一个完全陌生的工作环境中开始执行其工作任务，并和其他的组织成员发展人际关系。通过来自工作与其他组织成员的正向反馈，能更好地促进员工厘清和确认工作角色，并在价值观上与组织价值观及理念有更好的契合。以上五种组织社会化过程理论均包含此阶段，只是有的学者视为第一阶段（Feldman，1976a，1976b；Porter，Lawler 和 Hackman，1975），有的学者视为第二阶段（Buchanan，1974）。

最后一个阶段是接受阶段。在经历前面两个阶段后，员工终于成为组织中的一分子。此时，员工不仅了解组织的真实运作，而且建立起了自己在组织中的独特身份（identity），甚至于在个人需求、兴趣以及期待上也与组织的要求更加契合。同时，他们会表现出与组织文化一致的价值观、态度及行为。在接受阶段中，员工的组织承诺、工作满意度和工作投入都是很高的。

（三）组织社会化内容研究

组织社会化内容研究是指把组织社会化看作一个学习过程，旨在探讨员工要学习什么和内化什么才能更好地适应所在组织，并以此来衡量员工组织社会化的程度。也就是说在组织社会化过程中，组织要传递给组织成员有关内容，组织成员从中获得相关的内容。事实上，组织社会化是根据内容领域而不是作为一个过程来评估的，因此，组织可以根据组织社会化内容的学习来评估员工组织社会化的程度。过去探讨员工组织社会化多注重在社会化阶段（如 Fisher, 1986）、社会化策略研究（如 Van Maanen 和 Schein, 1979; Jones, 1986），员工认知过程研究等（如 Beehr 和 Newman, 1978; Louis, 1980），对员工组织社会化程度这方面的研究却很少。乔（Chao）认为，理解员工组织社会化程度和工作结果的关系有利于管理者更好地实施社会化策略和管理社会化过程。但是在以往研究中，社会化程度与工作结果关系的探讨却不多。

有关组织社会化内容的研究，主要受到薛恩（Schein, 1968）和费尔德曼（Feldman, 1981）的理论影响，大致可分为两个阶段：理论研究阶段和实证研究阶段（见表2.4）。在理论研究阶段，薛恩（Schein, 1968）指出，许多研究者常常把"组织"和"角色"两个方面的内容作为组织社会化的两个维度。组织维度是指获得有关组织的具体信息，包括组织的价值观和规范等。而角色维度，尤其是组织角色，是指新进员工的基本责任和他人对新进员工的期望。后来，费尔德曼（Feldman, 1981）在其组织社会化过程模型中强调了工作群体和工作/任务的重要性。在对有关组织社会化文献回顾的基础上，费舍（Fisher, 1986）认为，组织社会化内容有4个方面：(1) 学习有关组织的知识（learning about the organization）。组织中有很多方面需要新进员工学习，其中有些是明显的，如工作守则、奖惩制度、人事制度等；有些则是潜在的，如态度、信仰、情绪表达方式、价值观、文化等等。此外，组织中常见的典礼、仪式、歌曲、象征、语言、标语、故事等，也是传递有关组织信息的方式。(2) 学习如何在团体中发挥作用（learning to function in the work group）。组织成员进入一个新的团体所要学习的东西，同样也有外显和内隐两类。前者如团体成员的姓名、权利与义务、人际交往技巧等；后者如团体规范、团体次文化等。(3) 学习有关工作的知识（learning about the job）。员工刚刚进入组织或担任新职务时，他们最基本的任务就是要把工作做好。因此，学习有关工作方面的知识是组织社会化中不可缺少的一个环节，如学习要做哪些工作、该怎么做等等，均属于此类的学习。(4) 个人学习（personal learning）。个人可以通过组织社会化发现自己真正的能力、需求和潜能等。值得一提的是，上述三位学者对组织社会化内容的观点均是一种理论假设，并没有进行实证方面的探讨。

表 2.4　　　　　　　学者对组织社会化内容的归纳总结

研究者	组织	角色	群体	任务	其他	其他	其他
薛恩（Schein），1968	×	×					
费尔德曼（Feldman），1981		×	×	×	管理外在生活冲突	管理群体内角色冲突	
费舍（Fisher），1986	×		×	×	个人学习		
莫里森（Morrison），1993	×	×	×				
加德纳（Cardner）等，1993	×	×		×	组织政治		组织语言
乔（Chao）等，1994	×		×	×	组织政治	组织历史	组织语言
汤米纳（Taormina），1997	×	×		×	未来期望		
浩特（Haueter）等，2003	×		×	×			

注：×表示研究者涉及的内容。

在实证研究方面，以乔等（1994）、汤米纳（1997）、浩特等（2003）三项研究为代表。其中乔等对于组织社会化内容的研究备受关注，同时，该研究涵盖了加德纳和兰伯特（1993）、莫里森（1993）对组织社会化内容的研究范畴。汤米纳的研究是基于跨文化的角度进行研究的，浩特等人的研究则是基于新进员工在工作、群体和组织三个层面上应该学习什么内容而开展的。下面对这三项实证研究逐一进行简要介绍。

1. 乔（Chao）等人的六维观点

乔（Chao）等人（1994）在文献分析的基础上，以594名美国大学毕业生为被试，通过因素分析对组织社会化的内容维度进行了探讨。研究发现，员工组织社会化内容包括6个维度：

（1）工作绩效标准化（performance proficiency），是指个体是否学习到与工作相关的技巧、知识及能力。费尔德曼（1981）认为，不论组织如何激励员工，如果员工没有足够的工作技能，那么，员工组织社会化成功的机会就很小。虽然工作绩效并不一定直接和组织社会化有关（如训练课程及以往的工作经验等），但确认哪些是必须学习的技能以及员工该具备什么样的能力才能符合角色的要求，则受到组织社会化的影响。费舍（Fisher，1986）也指出，学习如何完成工作是组织社会化过程中非常重要的一部分。

（2）人际关系（people relation），是指新进员工如何与组织内成员建立良好的人际关系网络。费舍（Fisher，1986）认为，找到适当的人并向他学习有关组织、工作团体及工作相关知识，是组织社会化过程中相当重要的事。因此，对新进员工而言，如何与组织内成员建立成功且令人满意的人际关系是非常重要的。这种人际关系受员工个人特质、群体特征、工作以外的兴趣相似性、工作过程中的互动以及组织层次上的员工关系等因素所影响，这些因素直接影响到员工的社会技巧以及员工行为能否被其他组织成员所接受。

（3）组织政治（politics），是指员工能否有效地获得组织内正式或非正式的工作关系和权力结构，在组织中知道哪些人对完成工作具有影响力（Louis，1980）。费舍（Fisher，1986）认为，组织社会化包括从团体内的文化去学习相应工作中的政治行为。薛恩（Schein，1968）主张，新进员工必须学习有效的角色行为模式，这也意味着组织中的政治与员工组织社会化存在相关。

（4）语言（language），是指员工能否理解组织中的专业技术用语，能否清楚知道组织中的一些简写、俚语或行话等。如果员工能够了解特定的组织语言，就能较好地理解各项组织信息的含义，同时有利于增进与其他组织成员的沟通效果（Manning，1970）。

（5）组织目标/价值观（goals/values），强调新进员工必须学习组织目标/价值观的重要性，必须知道一些非语言性的规范和非正式网络。在组织社会化定义中，许多学者都涉及员工必须学习特定的组织目标或价值观，例如薛恩（Schein，1968）认为，在组织社会化过程中，员工必须了解维持组织完整的规则；费尔德曼（Feldman，1981）强调指出了学习组织目标和价值观的重要性，并且认为新进员工必须知道一些无法用语言表达的规则、规范及非正式网络。研究表明，组织目标和价值观能够超越个体工作环境的限制，使员工和组织整体有更密切的联结。

（6）历史（history），指新进员工理解组织的传统、习俗、故事及仪式等信息。组织的传统、习俗、故事和仪式会传达一些文化信息，并借以塑造某种形式的员工。了解组织历史及一些特定成员的背景，有助于员工知道在某些特定环境中哪些行为是适当，哪些行为是不适当的。

尽管在对薛恩（Schein，1971）、费尔德曼（Feldman，1981）和费舍（Fisher，1986）组织社会化文献研究的基础上，乔等人（Chao 等，1994）形成了6维度的组织社会化内容测量问卷，但是，该研究存在一些潜在的问题，主要集中在以下三个方面：第一，在具体某一维度上，不同组织层次（工作、群体、组织）存在着不同的学习内容（Fisher，1986）。也就是说，员工在工作、群体和组织三个层面上存在不同的学习内容。第二，该问卷主要评估的是知识，很少涉及角色。第三，对工作绩效和任务社会化没有详细加以区分（Bauer 等，1998；Klein 和 Weaver，2000）。

2. 汤米纳（Taormina，1997）的四维观点

汤米纳（Taormina，1997）以中国大陆、中国香港和新加坡三地员工为被试，通过实证研究发现，员工组织社会化内容包括4个方面：

（1）接受培训程度（training），指组织对员工工作方面进行的适当培训，这里的培训主要是指技术层面的内容，而不是心理层面。对员工完成工作方面的培训被许多理论家认为是组织社会化过程的重要部分（Van Maanen 和 Schein，1979；Wanous，1980）。适当的培训项目不仅是员工完成必要的工作任务所必需的，而且能够帮助员工增强自信、降低感受到的压力等（Nordhaug，1989；Pines 和 Aronson，1988）。简而言之，没有相关的工作技巧培训，一名员工不可能有效地完成他所应该完成的工作。

（2）组织理解程度（understanding），指员工能够了解他们自己在组织中的角色，如何在组织内发挥作用，以及有关工作知识和所在组织是如何运作的等等。事实上，在许多组织社会化理论中都体现出了理解这一方面。只是采用了不同的名字而已，如角色澄清（Buchanan，1974）、角色界定（Feldman，1981）和知识获得（Wanous，1980）。这里的理解在概念上有别于培训，这是因为培训主要关注特定技能的获得，而理解更关注一个人工作环境的认知层面，如公司的目标和价值观等。理解的重要性也反映在乔等人（Chao 等，1994）的研究中，因为乔（Chao）等人关于组织社会化内容的研究中，其6个维度中有4个维度是属于认知范围的评估。

（3）同事支持（coworker support），是指员工在组织内是否拥有良好的人际关系。由于组织社会化本质上是一个社会过程，和组织内其他组织员工有良好的社会关系是成功融入到组织的关键。

（4）未来期望（future prospect），指员工对组织未来发展及职业生涯规划的预期程度。包括员工对未来报酬的预期，以及能够接受自己将来工作的指派、薪酬的增加、晋升和利益等。员工对组织的未来期望有广泛的心理学基

础，如社会识别理论（social identity thery）（Ashforth 和 Mael，1989）、强化理论（reinforcement theory）（Skinner，1953）和社会比较理论（social comparison theory）（Festinger，1954）等。

和乔（Chao）等人的研究相比，汤米纳（Taormina）在跨文化的基础上对组织社会化内容研究结果更具有一般性（generalization）和整体性（global）。在上述4个维度中，员工接受培训程度、组织理解和同事支持三个方面就可以涵盖了乔（Chao）等提出的6个方面的内容，因此，该问卷比较适用于大多数类型的组织（Taormina，2004）。

3. 浩特等人的三维观点

事实上，乔等人（Chao等，1994）的研究存在着不足之处。浩特等（Haueter等，2003）认为，在组织社会化过程中，员工学习工作群体和任务的社会化内容比学习整个组织社会化内容对员工成功社会化更重要，所以员工不仅要学习整个组织的历史、政治、语言、目标和价值观，而且也应该学习有关工作任务和他们所在工作群体的相应内容。针对上述研究的缺陷，浩特等人（Haueter等，2000）指出，新进员工组织社会化学习内容应从组织、群体和任务三个层面来分析。在此基础上他们采用结构效度的方法编制了基于不同层面而学习不同内容的3因素新员工社会化问卷（newcomer socialization questionnnaire，NSQ）。该问卷主要评估新员工在3个层面上的组织社会化程度：组织层面、群体层面和工作/任务层面。在每个层面主要评估员工实际学习的知识和期望的角色行为，共计35个项目。比较而言，该问卷对衡量新进员工在不同层面上的组织社会化程度更为有效。

（四）员工主动寻求信息研究

早期的组织社会化研究认为，员工在组织社会化过程中是被动（passive）接受组织设定的角色，即组织通过组织社会化策略处于主控的地位。因此，研究领域主要集中在组织如何社会化新进员工，强调的是组织做什么工作（Fisher，1986；Van Maanen，1976；Wanous 和 Colella，1989）。莫里森（Morrison，1993）指出，以往的组织社会化研究大多数集中在组织对员工做什么以及员工如何反映，而没有关注新员工也可以扮演主动的（proactive）角色。为回应传统组织社会化把员工视为被动的观点，最近组织社会化研究中，研究者开始把新员工看作是主动者，开始注意新员工如何采取积极的行动来促进自己的社会化过程（Miller 和 Jablin，1991；Morrison，1993）。因此，新的组织社会化观点认为，员工在组织社会化过程中可以通过自身的信息寻求行为而扮演主动（proactive）的角色，从而弥补组织或上司等信息源所提供信息的不足。

虽然组织能够给新进员工提供工作角色上的有关信息，但在信息的本身和范围上可能会出现不够充分（inadequacy）的情况（Miller 和 Jablin，1991）。其原因主要包括：(1) 资深员工可能忽略了信息沟通对新进员工的重要性；(2) 新进员工只有被充分信任后，同事才愿意告知他们相关角色方面的信息（Feldman，1976；Moreland 和 Levine，1982）；(3) 资深员工对待新进员工像对待客人一样而告诉他们有关信息，从而使新进员工很难有机会进行询问；(4) 虽然同事给予新进员工有效的信息，但新进员工没有能力去理解这些信息，如行业中的专业术语等。因此，新进员工所面临的这些问题都需要消除、厘清或详细说明。他们必须主动寻求有关的信息使工作更为有效，从而取代期望上司来提供相应信息（Katz，1985）。尤其在遭遇期阶段，管理人员和同事等对新进员工所提供的信息，其目的是通过厘清组织角色和传授组织业务，使新进员工更加容易地成为组织中的一员，从而协助他们在组织中逐步发展新的自我形象（self-image）（Jablin，1987）。图2.4是新进员工信息寻求行为的模式图，对员工信息寻求的来源、信息寻求的策略、信息寻求的成本等相关问题进行了概况性说明。

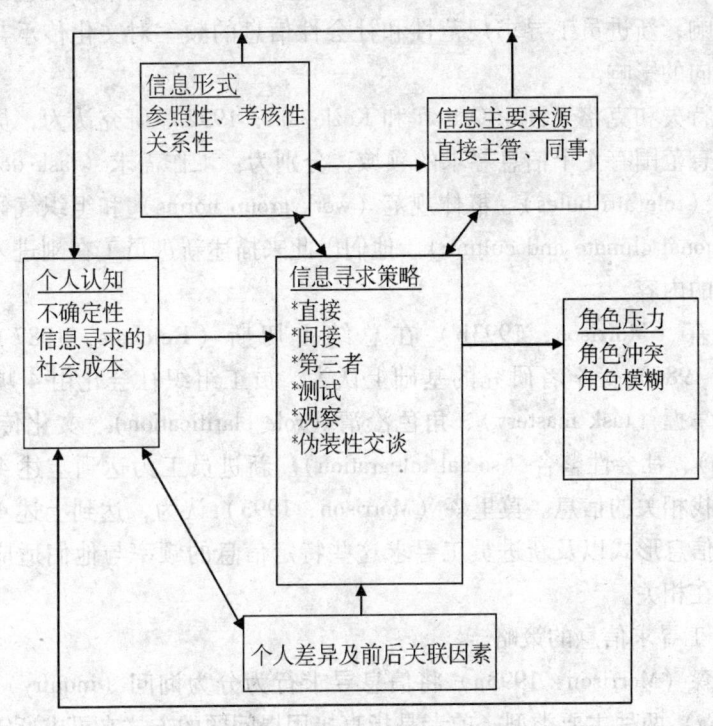

图2.4　新进员工的信息寻求模式
资料来源：Miller 和 Jablin，1991。

1. 信息寻求的内容类型

信息寻求的内容主要是基于组织社会化内容的相关研究发展而来的，如组织的价值观、目标、历史、政治、人际关系以及有关工作的掌握等。不同学者对信息寻求的内容界定存在一定程度的差异。

米勒和杰布林（Miller 和 Jablin，1991）将信息寻求的内容分为 3 种类型（如图 2.4）：（1）参考性信息（referent information），指有关工作指导的信息；（2）考核信息（appraisal information），指有关工作绩效回馈的信息；（3）关系信息（relational information），指有关与工作团体其他人的信息。

按照上述内容，莫里森（Morrison，1993b）将新进员工寻求信息的内容进一步区分为 5 种类型：（1）技术性信息（technical information）；（2）参照性信息（referent information）；（3）规范性信息（normative information）；（4）绩效性信息（performance information）；（5）社会性信息（social information）。

研究结果显示：新进员工寻求技术性和绩效性信息的频率对工作掌握程度有正向的影响；新进员工寻求参照性和绩效性信息的频率对角色的澄清有正向的影响；新进员工寻求规范性和社会性信息的频率对文化传承与社会性整合有正向的影响。

奥斯特夫和克洛斯凯（Ostroff 和 Kozlowski，1992）研究认为，员工组织社会化信息范围有 4 个信息寻求的领域，分别为：工作需求（task demands）、角色归属（role attributes）、群体规范（work group norms）和组织气候与文化（organizational climate and culture）。他们以此来描述新进员工在刚进入组织后寻求信息的内容。

莫里森（Morrison，1993b）在总结雷切斯（Reichers，1987）、费舍（Fishers，1986）等学者研究的基础上认为，员工组织社会化由 4 项内容构成：工作掌握（task mastery）、角色澄清（role clarification）、文化传承（acculturation）、社会性整合（social integration）。新进员工为达到上述 4 项任务而分别寻找相关的信息。莫里森（Morrison，1993）认为，达到上述 4 项任务所需要的信息形式以及新进员工寻求这些特定信息的频率与他们适应新的工作环境存在相关。

2. 员工寻求信息的策略

莫里森（Morrison，1993a）将信息寻求行为分为询问（inquiry）与观察（monitoring）两种主要类型。前者是指直接用提问题的方式来寻求所需要的相关信息，后者是指通过周围的情景或别人的行为而得到所需要信息的线索。比如，如果新进员工想得到有关他们工作表现的信息，可以选择直接问上司，或通过上司对他的态度来判断上司对其工作的看法。采用询问或观察的方式来寻求信息是有区别的，这主要涉及信息寻求的成本问题（cost）。使用观察策略时，新进员工必须自己去解释他所观察到的现象（Ashford 和 Cummings，1985），所以，这种策略所需要考虑的成本是可能由于对观察现象的误解而获得不正确的信息。采用询问策略的方式来寻求信息，其成本表现为，由于公开直接询问的方式可能会对询问者的专业形象造成不利的影响。所以，询问者常常会感到缺乏安全感或被认为不能胜任工作。

米勒和杰布林（Miller 和 Jablin，1991）认为，员工寻求信息策略主要有7种方式：

（1）公开询问（overt questions），指以直接询问的方式来获得想要了解的信息。当新进员工可以很容易地从信息源那里获得信息的情况下，通常使用公开询问这种策略。新进员工采用这种策略的原因主要是：第一，对于特定信息的获得这是最有效率的；第二，对所获得信息的模糊部分，该策略能够提供员工进行厘清的机会；第三，它可以协助发展进一步的人际关系，使新员工更容易接近信息源以获得信息。在员工刚刚进入组织的时候，这种公开询问的方式有利于促进新进员工和同事（或者上司）间的熟悉程度。

（2）间接策略（indirect），指用非询问的方式来获得所想得到的信息的答案或提示。这是当新进员工不方便或不容易向对方寻求有关活动信息的情形下常使用的方式。通过间接的策略，新进员工在向其他同事询问有关信息时，新进员工既不会感到不安，同时也不会使同事感到困惑。研究表明，间接询问策略普遍被当作保护新进员工面子的一种策略（Goody，1978）。

（3）第三者策略（third party），是指新进员工通过询问除其上司或同事以外的人而获得信息。当主要信息源失去效用或当新进员工不方便向主要信息源寻求信息的情况下，通常使用第三者策略。事实上，新进员工寻求第三者的协助，部分原因是他们对上司的解释感到困惑，或上司缺乏某方面的专业技能而难以回答新进员工想要了解的问题。

（4）测试策略（testing），指对想要了解的信息，新进员工通常会以忽视规定或准则的方式来测试上司或同事的反应。新进员工之所以采用测试策略，目的是想引起信息源的态度朝向特定的行为或问题上。这种策略可以给新员工提供工作规则和人际关系等方面的重要信息。但是测试策略的后果容易导致上司和同事对新进员工产生负面感觉和评价。

（5）伪装性交谈（disguising conversations），指当新员工想通过交谈获得信息时，他们往往会有意地表现出不经意的样子。如在交谈中通过开玩笑的方式来掩盖其信息寻求行为,使信息源在不经意的情况下透露出相关信息。

(6) 观察 (observing),是指从别人的行动或所发生的有意义的事件中,知道什么是适当的行为。当新进员工希望了解信息源的态度或如何执行一项工作时,他们通常会使用这种方式 (Berger 和 Bradac, 1982)。观察策略能够给新进员工提供纠正行为和态度的信息,通过观察其他人在工作上的卓越表现,可以为新进员工在学习新的工作技能上提供学习榜样 (Weiss, 1977)。经过与他人行为的比较,新进员工可以在自己的态度和工作绩效上做适当的调整。

(7) 监视 (surveillance),指新员工对信息目标源私下里进行密切关注,而后通过对所获得的信息进行事后回顾,来获取组织社会化过程中所需要的相关信息。

3. 信息寻求的来源

研究表明,直接上司、资深同事、其他新进同事、非直接上司、部属、组织外的人员等均是新进员工寻求信息的来源 (Fisher, 1986; Miller 和 Jablin, 1991)。由于选择信息的主要决定因素是熟悉度 (familiarity) 和易接近性 (accessibility),所以上司和同事是员工组织社会化过程中最重要的信息来源,但对不同组织信息的获得,二者所起的作用存在差异。奥斯特夫和克洛斯凯 (Ostroff 和 Kozlowski, 1992) 研究发现,尽管上司和同事在任务与组织内容方面能够提供相同程度的信息。但在角色内容方面,从上司那里所获得的信息显著高于从同事那里所获得的信息;在有关团体方面,同事作为信息源则明显高于上司作为信息源。莫里森 (Morrison, 1993) 发现,新进员工常通过上司来询问有关技术性信息、参照性信息和工作反馈,常通过同事来询问有关社会性信息。菲尔斯塔德 (Filstad, 2004) 指出,上司和同事作为新员工信息的重要来源,意味着作为角色榜样的组织内既定员工是新进员工获取信息的重要途径,也意味着对新进员工而言建立良好的人际关系的重要性。

杰布林 (Jablin, 1987) 和莫里森 (Morrison, 1993) 认为,新进员工信息寻求的最初来源和固定来源是其上司和同事,这是因为其他的信息源不一定对新进员工具有实际的效用。此外,由于直接上司可以决定工作的要求、充当榜样角色和专家角色 (Miller, 1996),且新进员工最终必须获得直接上司对其角色的赞同,所以直接上司通常被认为是员工组织社会化过程中信息的重要来源 (Jablin, 1987)。

奥斯特夫和克洛斯凯 (Ostroff 和 Kozlowski, 1992) 也将信息寻求的直接来源分为上司和同事。他们发现,上司和同事在任务和组织内容上能够提供相同程度的信息;在角色内容方面,上司提供的信息显著高于同事提供的信息;在有关团体方面，同事提供的信息显著高于上司提供的信息。此外，研究还表明，MBA 毕业生认为同事作为信息源的有效性高于直接上司作为信息源的有效性。这种有效性和员工的工作满意度、组织承诺存在很大程度的关联（Miller 和 Jablin，1991）。其主要原因是因为在对有关新的工作信息转移上，每天与同事的互动比与直接上司的互动更有帮助（Ponser 和 Powell，1985）。

总之，直接上司和同事是新进员工信息寻求的重要来源。上司是协助新进员工在团体和工作之间进行转换与调适的有效源泉。而同事则能整合许多琐碎的组织信息，沟通组织中微妙的价值观与规范，比较符合新进员工的社会需求。但是，新进员工在多种因素的影响下，他们会采取不同的信息策略从直接上司和同事那里获得相关信息（Walther，1978）。

4. 信息寻求行为的依据

实证研究认为，新进员工在信息寻求行为的选择过程中，主要参照两个方面：不确定性（uncertainty）和社交成本（social costs）（Miller，1996）。其中，新进员工对于获得有关组织信息的高度不确定性会影响到他们在组织中的角色压力，即角色冲突和角色模糊；而社交成本则会直接影响到新进员工采用何种信息寻求行为的方式。

5. 其他员工主动社会化方式

除了信息寻求外，新进员工主动社会化的方式还有很多，如与主管建立联系、与同事或主管建立非正式的导师关系、工作变动协商、积极的自我暗示、参加与工作相关的额外活动、自我行为管理、观察榜样等。

与同事或主管建立联系是新进员工组织社会化的重要手段。这种关系可以帮助新进员工获得相关的信息、建议与社会支持，从而降低工作压力和不确定性。新进员工也可能与企业中的其他人建立起非正式的导师关系，这种关系对新进员工调整和适应组织有积极的影响。研究表明，与同事或主管建立关系对新进员工在组织中的职业发展和薪酬水平有重要影响，他们在组织中的社会化程度也高于那些没有与同事或主管建立关系的新进员工。

工作变化协商是指新进员工尝试改变他们的工作职责或工作方式。例如，把任务集中在他们较擅长的领域或更有发展前景的领域。工作变动协商是新员工控制和克服组织社会化过程中不确定性因素的重要手段之一。

积极的自我暗示是一种自我认知的管理形式，同时也是新员工适应新的且具有工作压力的工作环境的一种策略。它通过自我意识的控制来增强新进员工的自信心和自我效能感。研究表明，积极的自我暗示会影响新进员工的工作绩效和工作满意感。

与工作相关的额外活动指这些活动与工作有关，但并不是工作的一部分。新员工参与这些活动的程度不同，他们的工作业绩、角色模糊程度、组织承诺等行为绩效也存在显著差异。

观察也是新员工主动寻求信息最为常见的方式之一。社会学习理论认为，个体学习的一种主要方式是通过观察和模仿他人恰当的行为。通过观察，新员工在组织社会化过程中，不仅可以了解到与工作任务相关的信息，还可以知道企业的组织结构、办事程序、生产产品、业绩和权力分布等方面的信息。

行为自我管理（behavioral self-management，BSM），指周密的自我观察、自我目标设定、自我奖励与惩罚等行为。这种行为自我管理技术能够帮助新员工降低焦虑、提高自己的知识技能、改善自己的工作绩效。卢森斯和戴维斯（Luthans 和 Davis，1979）在组织行为学文献中首先讨论了 BSM。他们认为，BSM 是个体对获得既定行为后果、刺激线索、反映结果的有意控制。研究表明，执行 BSM 的个体能够表现出较高的工作动机水平，能更好地管理和应对适应组织过程中所遇到的阻碍。这主要是因为：（1）执行 BSM 的新员工具有较强的学习特定任务策略的能力，因而在组织社会化过程中更容易适应组织。如吉斯特等（Gist 等，1990，1991）研究发现，自我管理培训能促使员工获得和保持复杂的工作技能，强化员工培训内容的学习，容易导致新员工更好地控制和运用所学习的技巧。（2）由于 BSM 能够降低员工的焦虑和工作压力，所以能促进新员工组织社会化过程。如吉斯特等（Gist 等，1990）指出，自我行为管理可以看作是一系列帮助员工管理他们工作环境的策略，能够使员工具有较好的自我控制意识，进而降低员工早期组织社会化过程中的不确定和焦虑等负性心理因素（Manz，1986）。

6. 研究小结

研究表明，在进入组织前后，新进员工如果能主动寻求与工作相关的信息，无论是通过正式的渠道还是非正式的渠道，他们均表现出高组织社会化程度、高工作满意度、高组织承诺和低离职倾向等。奥斯特夫和克洛斯凯（Ostroff 和 Kozlowski，1992）通过对 151 名不同企业组织的新进员工进行研究，探讨了员工信息寻求行为与工作满意度、组织承诺、组织适应、工作压力和离职意愿等变量间的关系。结果发现，员工信息寻求行为的频率与组织承诺、工作满意度、组织适应等呈正向关系，而与工作压力、离职意愿呈负向关系。莫里森（Morrison，1993b）针对 5 家大型会计公司的 240 名会计人员进行了纵向研究，涉及变量包括员工寻求信息行为和工作满意度、工作绩效、离职意愿及自我肯定等变量的关系。研究结果发现，员工信息寻求的频率与他们的工作满意度、工作绩效成正比,与离职意愿成反比,其研究结果和奥斯特夫和克洛斯凯(Ostroff 和 Kozlowski,1992)的研究是一致的。

从莫里森(Morrison,1993b)、奥斯特夫和克洛斯凯(Ostroff 和 Kozlowski,1992)的研究结果可以看出,新进员工的寻求信息的频率越高,在态度和行为上就会产生正面影响,这一结果大体上是一致的。换言之,如果组织期望新进员工有正面的态度和行为,组织必须在工作互动的过程中给新员工提供充分的信息,并鼓励新员工主动提高信息寻求行为,即提高新进员工信息寻求的正确性和主动性。

尽管莫里森(Morrison,1993b)、奥斯特夫(Ostroff,1992)和克洛斯凯(Kozlowski,1992)等人的实证研究表明,新进员工的信息寻求行为直接影响他们在组织中的行为绩效,比如组织承诺、工作满足、工作压力和离职率等。但他们却没有考虑到员工信息寻求行为是否会影响到组织社会化程度,进而间接影响到员工行为绩效的过程。从已有文献可以看出,新进员工通过信息寻求行为获得有关组织信息从而降低对组织环境的不确定性。如果获得的组织信息不充分,那么就无法降低新进员工面临的高度不确定性,这也会直接影响到个体在组织或工作中的组织社会化程度,进而会影响到其工作满意度的水平。此外,实证研究结果还表明,员工信息寻求行为是组织社会化策略和员工主要组织社会化结果之间的中介变量,这从一个侧面证实了员工组织社会化是一个学习的过程(Cooper – Thomas 和 Anderson,2002)。

五 组织社会化内容与相关变量的实证研究

已有研究中涉及的员工组织社会化内容的相关变量很多,大致可以分为三类:一是对组织社会化内容有直接影响的因素,如组织因素(组织文化、组织社会化策略等)、个体因素(自我效能感、主动个性等);二是组织社会化内容的影响效果变量,如工作绩效、组织承诺和工作压力等;三是和组织社会化内容有关的背景变量,如员工的性别、工作年限、工作经验等。

(一)组织社会化内容的影响因素

乔等(Chao 等,1994)在考查导师制和组织社会化内容的关系时发现,导师在促进员工组织社会化的不同内容维度上存在差异。在组织中,拥有导师的新员工与没有导师的新员工相比,在组织政治、人际关系、组织目标与价值观、组织历史等四个方面存在显著差异,但在工作绩效标准化方面不存在显著差异。奥斯特夫和克洛斯凯(Ostroff 和 Kozlowski,1992)认为,导师给新员工提供组织方面的信息明显高于提供群体、任务和角色方面的信息。艾伦等(Allen 等,

1999)认为,导师制度具有两方面的功能:职业导师功能和心理导师功能。他们研究发现,不同功能的导师制度对员工组织社会化内容的影响存在差异。例如心理辅导比职业辅导对员工组织社会化内容的影响更大,当员工报告他们接受到更多的心理辅导时,他们在组织政治、工作绩效标准化两个方面的社会化程度也较好,心理导师和组织政治社会化($r = .30$)、工作绩效标准化($r = .32$)存在显著相关。这表明,在组织社会化过程中,导师能够提供更多的角色榜样,有利于新员工处理组织中的政治以及同事间的友谊等。而职业相关的导师则和人际关系社会化显著相关($r = .26$)。

员工信息寻求行为对员工组织社会化程度也有影响。研究发现,公开策略与观察策略对组织社会化程度的各项内容均存在正向关系。这表明,对新进员工而言,通过直接询问或观察周围环境的方式来获得有关组织信息,有助于员工对组织的深入了解。而用间接策略、第三者策略和测试策略等方式来寻求信息,虽然对员工获得组织信息有一定的帮助,但是新员工对通过上司或同事以外的第三者,或通过测试等方式所获得的信息可能会产生误解,因此,对员工组织社会化可能存在一定程度的负面影响(Miller 和 Jablin,1991;Ostroff 和 Kozlowski,1992;Morrison,1993)。

乔等人(Chao 等,1994)曾以594名大学毕业生为研究对象,探讨了不同工作类型的员工其组织社会化程度的差异。他们将594名研究对象分为不更换工作者(job incumbents)、更换工作者(job changers)、更换组织者(organization changers)等三种类型,通过对他们连续5年的观察和比较分析,结果发现:(1)不更换工作者,在工作绩效标准化、人际关系、组织历史、组织语言等方面有中等程度的提高,这表明员工组织社会化渗透在员工的整个职业生涯中;(2)更换工作者,在工作绩效标准化、组织语言、组织历史等方面有明显的降低,这表明员工组织社会化和他们工作变换存在相关;(3)更换组织者,在工作绩效标准化、组织语言、人际关系、组织政治、组织历史等方面均有显著地降低。

此外,员工个体变量对组织社会化内容也有一定程度的影响,如个性、自我效能感等(Chao 等 1994;Jones,1983;Louis,1980)。莫里森(Morrison,1993)在回顾有关组织社会化与个性关系研究的基础上指出,多数研究偏重于自我效能感(self-efficacy)与个体内外控性(internal/external locus of control)。如琼斯(Jones,1983)研究发现,高自我效能感的新进员工敢于尝试新的工作角色,勇于寻求有关信息的反馈。希尔、史密斯和曼恩(Hill、Smith and Mann,1987)研究发现,高自我效能感的个体在培训后更愿意采用新的工作技术,且能快速地将学习到的新技巧转移到工作上。阿希福特和布莱克（Ashford 和 Black，1996）研究同样指出，自我效能感会影响新进员工组织社会化的过程和结果。

（二）组织社会化内容的效果影响

在组织社会化程度对员工行为绩效的研究方面，贝克和费尔德曼（Baker 和 Feldman，1991）指出，有效的组织社会化对组织和个体均可以产生正面的效果，例如在工作态度方面，包括工作满意度、内在工作动机和工作参与性等；在行为表现方面，包括离职率、创新意识、合作意识、愿意承担工作以外的职责或任务等。

探讨了员工组织社会化程度对员工职业生涯效能的影响。这里的职业生涯效能包括：（1）绩效：采用个人收入的高低来衡量；（2）态度：采用工作满意度和职业生涯投入来衡量；（3）组织认同感；（4）组织适应。研究结果发现，员工组织社会化程度对上述 4 个职业生涯变量具有显著的正向影响，尤其是组织政治、组织语言、组织目标和价值观影响效果更为显著。

整合了组织社会化内容和组织社会化策略的研究，通过对 116 名不同职业的新进员工进行现场试验研究，考察了组织层面的培训项目对员工组织社会化程度的影响。研究结果表明，参加组织层面培训的员工与没有参加组织层面培训的员工相比，在组织目标/价值观、组织历史和人际关系 3 个方面存在显著差异。参加组织层面培训的员工与没有参加组织层面培训的员工相比，前者对组织具有较高的情感承诺。此外，该研究还发现，组织社会化内容（目标/价值观和历史）是组织层面培训项目对员工感情承诺影响的中介变量。

汤米纳（Taormina，2000）对护士人员进行了组织社会化问卷、工作倦怠问卷（Maslach Burnout Inventry，MBI）和个人压力管理问卷的调查。结果表明，员工组织社会化态度和员工工作倦怠存在较强的负相关。逐步回归分析表明，护士人员所接受的组织培训对他们的情绪衰竭具有负向预测效果，而人际技巧和组织理解对护士人员的去人际化具有负向的预测效果。

（三）组织社会化内容有关的背景变量

在组织社会化的相关研究中，新进员工所具有的个体特征也是影响新进员工组织社会化的因素。戈梅兹（Gomez，1983）曾探讨了年资、性别和个性对员工组织社会化程度的影响，研究表明，不同性别的主管和技术人员其工作态度随着组织社会化程度的提高而趋于一致。

阿德金斯（Adkins，1995）研究指出，当个体学习新的工作技能时，他们会依靠过去的工作经验对新的工作环境做出判断和解释。因此，在组织社会化过程中，员工过去的工作经验对他们学习技能和适应组织具有重要的作用。

此外，由于组织社会化反映了组织中所存在的文化价值观，这种文化价值观涉及民族和国家间的差异。因此，在不同的文化和国家中，组织社会化内容也存在显著差异。汤米纳（Taormina，1997，2000）研究结果发现，在接受组织培训、组织理解、同事支持和组织期望等4个组织社会化内容上，中国大陆、中国香港和新加坡三地的员工在性别上不存在差异。在接受组织培训方面，美国员工和中国香港员工之间存在显著差异。

六 简评

目前，员工组织社会化研究已成为西方组织行为学领域研究的热点问题之一。针对新进员工对组织不适应而导致的高离职率和低工作绩效等现象，组织社会化理论从一个新的视角探讨了员工适应组织的内在机制，对企业了解员工如何传承组织文化和价值观，如何从"组织外部人"发展到"组织内部人"，降低管理成本和提高管理效能提供了新的思路和依据。

但目前组织社会化研究中一个主要问题，是缺乏一个统一的理论来整合组织社会化的概念和过程。由于许多不同领域对组织社会化的研究，使得该问题进一步变得更为复杂化。鉴于此，塞克斯和阿希福斯（Saks和Ashforth，1997）提出了一个整合组织社会化的各种理论、概念、模式的组织社会化多层面模型（如图2.5所示）。该模型的焦点集中在组织信息的获得和组织内容的学习上，这和最近的研究把组织社会化视为是一个学习过程的观点是一致的（Bauer和Green，1994；Chao等，1994；Holton，1996；Miller和Jablin，1991；Ostroff和Kozlowski，1992）。模型中的其他成分，主要体现为员工信息寻求和组织内容学习的前因变量与影响效果。

在该模型中，首先是一系列影响组织社会化的环境因素，这包括组织外部的文化、法律制度、组织战略、群体规模和工作设计等不同层面的因素。其次，组织社会化的策略体现在组织、群体和个体三个层面，其中的双向箭头表示组织、群体和个体间是互相影响的。第三，组织社会化因素和认知理解过程直接影响有关组织信息获得。第四，员工通过信息获得从而降低他们的不确定性和学习有关组织社会化的内容。第五，组织社会化内容的学习影响一些次要的结果变量，如角色澄清、技能获得等。这些次要结果变量进一步影响到员工在不同组织、群体和个体水平的行为绩效变量。第六，个体差异变量在模型中也是较为重要，如个性特征、价值观和信念等。它们在组织社会化研究中既是直接影响变量（影响认知—理解、信息寻求和社会化内容的学习），同时也是调节变量（调节组织社会化学习和信息获得对结果变量的影响）。

第二章 文献综述

此外,从该模型中我们可以看出,组织社会化内容的学习在模型中处于核心地位,是该理论模型研究的焦点所在。

环境因素
- 组织外部 *组织水平
- 群体水平 *工作/角色水平

社会化因素

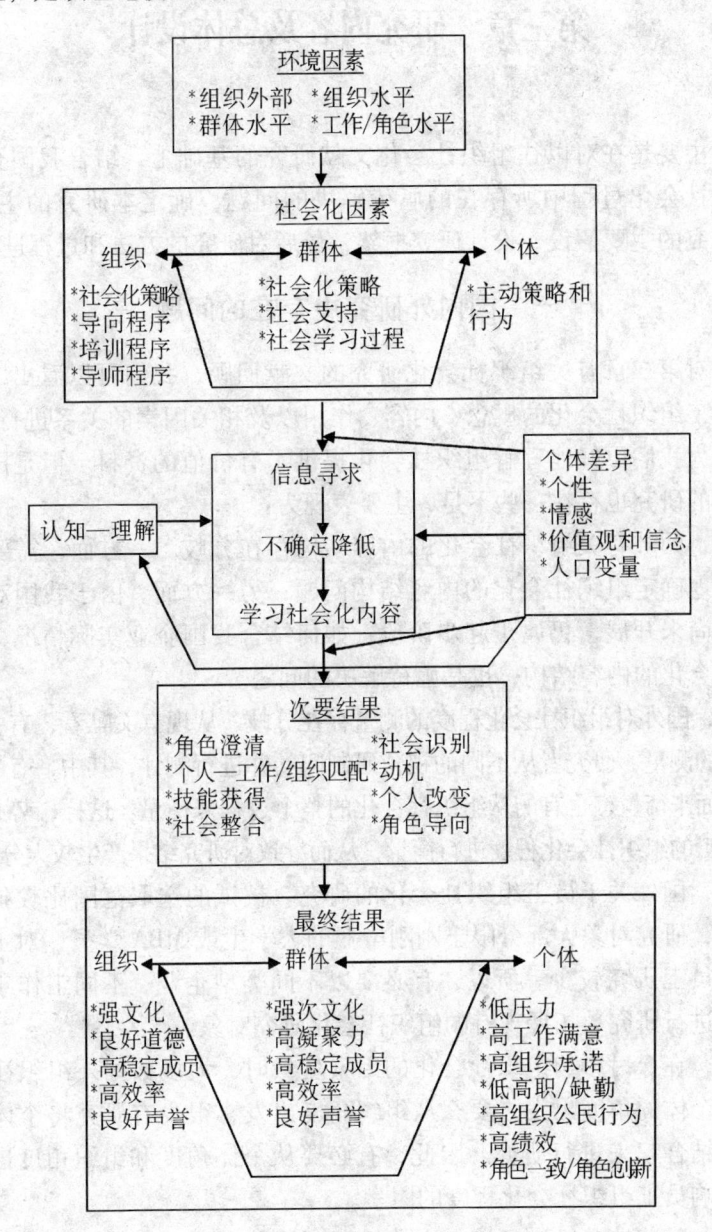

组织 ← → 群体 ← → 个体
- *社会化策略
- *导向程序
- *培训程序
- *导师程序

群体:
- *社会化策略
- *社会支持
- *社会学习过程

个体:
- *主动策略和行为

信息寻求

不确定降低

学习社会化内容

认知—理解

个体差异
- *个性
- *情感
- *价值观和信念
- *人口变量

次要结果
- *角色澄清   *社会识别
- *个人—工作/组织匹配   *动机
- *技能获得   *个人改变
- *社会整合   *角色导向

最终结果

组织 ← 群体 ← 个体

组织:
- *强文化
- *良好道德
- *高稳定成员
- *高效率
- *良好声誉

群体:
- *强次文化
- *高凝聚力
- *高稳定成员
- *高效率
- *良好声誉

个体:
- *低压力
- *高工作满意
- *高组织承诺
- *低离职/缺勤
- *高组织公民行为
- *高绩效
- *角色一致/角色创新

图2.5 组织社会化多层面研究模型

资料业源:Saks 和 Ashforth,1997。

第三章 研究内容及总体设计

本章主要是在对以往组织社会化文献研究的基础上，结合我国企业新进员工组织社会化过程中所存在的亟待解决的问题，确定本研究的主要内容，并提出研究的主要假设，设计研究框架，最后对研究的方法和过程进行介绍。

一 国内外研究中存在的问题

通过对第二章有关组织社会化研究的文献回顾，我们可以看出，大量的研究对员工组织社会化的概念、内容、作用以及相关因素的关系进行了探讨，这些研究为我们更好地理解组织社会化提供了有价值的资料。但是国内外组织社会化的研究也存在一些不足，主要表现为：

第一，国外有关组织社会化的内容结构存在分歧。一方面，需要解决如何更合理地确定组织社会化的内容结构问题；另一方面，由于我国对组织社会化研究尚未开展，仍属于起步阶段，如何结合我国企业实际情况，确立员工组织社会化的内容结构，也是亟待解决的问题。

第二，国外对组织社会化程度的测量存在分歧。从现有文献看，有关组织社会化程度的测量，研究者从不同的视角研制问卷并进行测评，其中，有的从组织的不同层面来衡量，也有的从组织社会化的整个过程来衡量。这样，势必影响到如何对员工的组织社会化程度进行衡量，从而导致对研究结果产生较大分歧。

第三，国外关于员工组织社会化的研究，被试的选取范围比较狭窄，样本量较小，研究对象大部分限于刚刚毕业的大学生或 MBA 学员，对工作管理情景中的员工研究较少。所以，有必要以不同类型企业、不同工作年限的员工为被试进行研究，拓展现有的组织社会化研究对象。

第四，在探讨影响组织社会化的因素变量时，大多数国外组织社会化研究要么从个体的角度出发，要么从组织角度出发，很少有研究将个体变量和组织变量结合起来进行研究。因此，有必要从个体角度和组织角度出发，综合探讨影响员工组织社会化程度的因素。

第五，随着社会经济环境、企业经营环境的变化，尤其是我国企业在改制、重组的背景下，企业员工面临着上岗、转岗等各种工作转变。在转变的过程中，他们如何能够更好更快地适应所在企业就成为企业管理者面临的艰巨任务。开展组织社会化研究可以为我国企业员工更好地适应企业提供理论借鉴。这是本研究的应用价值所在。

第六，目前，在我国尚未开展员工组织社会化的基础理论性的探讨。有研究表明，成功的组织社会化具有文化差异（Irene Hau – Siu Chow，2002）。由于中国的文化背景和西方存在很大差异，西方学者建立的组织社会化内容结构不一定适合中国的国情。因此，应基于我国国情和文化背景建立适合我国企业员工组织社会化的内容结构，进而探讨组织社会化内容对员工行为业绩的影响效果，以期丰富我国组织行为学和人力资源管理理论。

第七，员工组织社会化的干预研究和试验研究比较少。造成这种状况的原因主要是因为：（1）在组织行为学领域，没有一个一致认可的组织社会化内容结构。组织社会化内容结构确定不了，也就无法对员工在企业中的社会化过程进行有针对性地干预研究；（2）干预研究的时效性和复杂性也是很多研究者没有采取此类研究的原因之一。

第八，有关组织社会化过程的研究，国外很多学者均是基于理论分析而提出了不同的阶段理论假设。事实上，员工组织社会化过程和关键的影响因素与组织息息相关，不能置身于组织情景之外而单独研究。此外，目前对组织社会化过程的研究仍不够充分，对于该现象的了解也并不多，因此，并不适合采用操作变量的方式来进行假设验证。

二 研究总体构想及主要研究内容

（一）研究的总体构想

本研究的总体构想是，在确立我国企业员工组织社会化内容结构和测量方法的基础上，分别对员工组织社会化的影响因素和员工组织社会化的影响效果进行探讨。在此基础上，对组织社会化的内在机制进行研究。研究总体构想如图3.1所示。

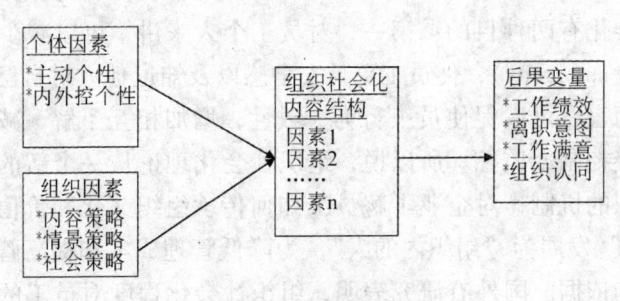

图3.1 研究总体构想

(二) 研究的主要内容和假设

根据研究构想，本研究的主要内容和假设如下。

研究一：我国企业员工组织社会化内容结构的确定和测量

国外对员工组织社会化的内容结构进行了一定程度的探索，如乔等人（Chao 等，1994）提出的组织社会化内容结构的 6 维观点，汤米纳（Taormina, 1997）提出的 4 维观点，以及浩特等（Haueter 等，2003）从组织背景角度提出的 3 维度观点。但上述研究者的出发点存在很大差异。本研究将在理论分析、访谈、问卷调查等基础之上，从员工学习的角度出发来建构我国企业员工组织社会化的内容结构，并在此基础上对我国企业员工组织社会化程度进行测量，检验问卷的信度和效度，以便为后面的研究奠定基础。在总结前人研究的结果并结合我国的国情的基础上，我们提出如下假设：

假设1：我国企业员工组织社会化内容结构是一个多维的结构。该结构可能包括组织文化、人际关系、工作胜任、组织政治和组织语言等 5 个方面的内容。

研究二：探讨影响员工组织社会化程度的因素

从文献分析中可以看出，影响员工组织社会化程度的因素主要有 3 个层面：组织因素、工作因素和个体因素。在以往的研究中，研究者均是从单一的某一层面探讨影响组织社会化程度的因素，很少有研究者从上述 3 个方面利用交互作用的观点来进行研究。事实上，员工社会化程度既受其个体特征影响，也受其所处的组织或从事的工作性质所影响。因此，本研究采用交互作用（interaction function）的观点，从组织和个体两个因素探讨影响组织社会化程度的因素，并提出如下假设：

假设2：个体因素和组织因素分别对员工组织社会化程度有正向影响作用。

研究三：探讨组织社会化程度对员工心理、行为等后果变量的影响效果

组织社会化有两种目的：第一，对员工个人来讲，可以减少员工对组织的模糊意识（ambiguity），使员工更具安全感以及知道他人对自己的期望；第二，对组织而言，可以促使员工行为一致性，增加相互了解，减少冲突，减少对员工直接控制或监控。所以说，组织社会化理论从一个新的视角探讨了员工适应组织的机制，对企业了解员工如何传承组织文化和价值观，如何从"组织外的人"发展为"组织内的人"，为降低管理成本和提高管理效能提供了新的思路和依据。国外有研究表明，组织社会化程度对员工的工作态度和工作行为有一定程度的影响。那么，在中国企业中，组织社会化程度对员工

的态度和行为变量影响怎样？这是本研究所要讨论的内容之一。为此，本研究提出如下假设：

假设3：组织社会化程度对员工工作绩效、工作满意和组织认同有显著的正向影响；对离职意图有显著的负向影响。

研究四：探讨员工组织社会化的内在机制

在组织社会化研究中，研究者主要集中在4个角度：组织社会化过程研究、组织社会化内容研究、组织社会化策略研究和员工寻求信息行为研究。比较而言，在上述4个研究视角中，组织社会化内容处于核心地位。这是因为，只有当组织了解员工在社会化过程中需要学习什么知识，组织才能有针对性地采取不同的策略和措施促进员工更快、更有效地适应所在企业。国外有研究表明，组织社会化策略和组织社会化内容均对员工的态度和行为产生不同程度的影响（Eldredge，1995；Klein 和 Weaver，2000；Cooper – Thomas 和 Anderson，2002；Hart 等，2005）。本研究认为，组织对员工所使用的社会化策略是通过学习社会化内容从而对员工的态度和行为产生影响的。因此，我们提出如下假设：

假设4：组织社会化内容的学习是组织社会化策略对员工行为绩效影响的中介变量。

研究五：不同人口统计学变量和组织变量背景员工的组织社会化程度差异

假设5：不同年龄、性别、教育程度、企业性质等变量的员工，在组织社会化程度上存在一定程度的差异。

三　研究方法和研究过程

（一）研究被试和方法

被试样本：拟选取全国不同地区、不同城市、不同性质、不同企业规模的企业员工，包括管理者和一般员工。

研究方法：主要有文献分析法、结构化访谈法（包括个人访谈和团体访谈）、问卷调查法、质化研究法等。

统计分析方法：主要有描述性统计、探索性因素分析、验证性因素分析、结构方程模型（structural equation modeling）、典型相关分析（canonical correlation analysis）和回归分析等。

统计软件：主要使用 Spss 13.0 和 Lisre 18.50 统计软件包。

（二）研究过程

由于目前国内尚未见到有关员工组织社会化实证研究的文献，所以，对员工组织社会化内容的构成要素缺乏可比较的研究。本研究在国外相关研究的基础上，首先对国内外的大量文献进行归纳分析，从中分析不同研究者的研究出发点。在综合不同学者的观点和结合我国企业实际的基础上，对员工组织社会化的内涵及其各个方面进行界定。在理论分析的基础上，确定访谈提纲。然后，在访谈的基础上，探索我国企业员工组织社会化的内容结构和测量问卷。接下来，根据调查数据对组织社会化的结构和问卷的信度、效度进行检验并在此问卷基础上对影响组织社会化程度的因素、组织社会化程度对员工态度和行为等影响效果、组织社会化的内在机制进行研究。具体来讲，本研究的研究过程分为以下几个阶段（详细过程见有关章节）。

1. 员工组织社会化结构的确定和问卷的研制

采用理论综合、访谈、预试和正式调查对员工组织社会化的内容结构进行建构，对初始问卷进行项目分析和项目筛选，并对其心理测试指标进行检验，最后得到正式的组织社会化内容问卷（Organizational Socialization Questionnaire）。

2. 影响员工组织社会化的因素探讨

影响因素的测量拟采用并修订国外有关问卷。其中，个体因素变量包括主动个性和内外控个性；组织因素包括内容社会化策略、情景社会化策略和人际社会化策略。分析方法拟运用典型相关分析（canonical correlation analysis）统计分析方法对员工组织社会化程度和上述变量的关系进行分析，探讨个体因素和组织因素对员工组织社会化内容学习的影响。

3. 员工组织社会化对员工行为绩效的影响效果研究

采用经过信度、效度检验的工作绩效问卷、离职意向问卷、工作满意度问卷、组织认同感问卷以及本研究建构的组织社会化内容问卷，运用结构方程模型技术（structural equation modeling）考查员工组织社会化内容的各个维度对上述后果变量的影响效果。

4. 员工组织社会化内容的中介效应研究

采用经过信度、效度检验的组织社会化策略问卷（内容社会化策略、情景社会化策略和人际社会化策略）、工作绩效问卷、离职意向问卷、工作满意度问卷、组织认同问卷和本研究所建构的组织社会化内容问卷，运用多元回归分析的方法探讨组织社会化内容在组织社会化策略对员工行为绩效中的影响作用机制。

5. 不同人口学变量和组织变量在组织社会化不同维度上的差异

针对通过问卷调查所获得的数据，运用多因素方差分析、单因素方差分析和多重比较分析方法，探讨不同人口学变量（如性别、年龄、教育程度、工作年限等）和组织变量（如企业性质）在组织社会化不同内容维度上是否存在差异。

整个研究过程如图 3.2 所示。

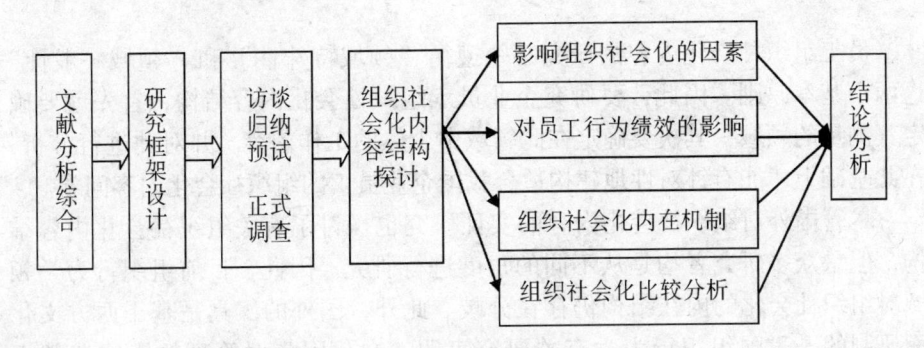

图 3.2 研究过程示意图

第四章　企业员工组织社会化内容结构研究

员工组织社会化内容的研究必须遵循"领域特殊性"和"领域一般性"这两个基本原则。因此，要研究企业员工组织社会化内容结构，首先就要确定其测量的领域，其次要确定在此领域中个体的工作内容，并对此进行分析，在此基础上才能有针对性地建构适合我国企业员工的组织社会化内容问卷。

尽管国外对组织社会化内容的实证研究也探讨了有关组织社会化内容结构，但是众多研究者均是从不同的角度进行研究。因此，目前组织行为学领域对组织社会化的内在结构仍存在分歧。此外，国外的工具是基于西方文化而研制的。我国组织行为学有关研究表明，文化因素对管理的影响非常大（凌文辁等，1987，1991）。此外，组织社会化内容结构在我国尚无实证研究公开发表。本研究试图在对国外组织社会化文献分析的基础上，通过访谈、开放式问卷调查来收集中国企业员工的组织社会化内容项目，编制我国企业员工组织社会化内容的初步问卷。通过一定数量的被试样本进行预研究，以分析编制问卷项目的质量。然后用确定的问卷进行大规模的调查，对正式调查数据进行探索性因素分析，确定组织社会化问卷的结构模型，并采用验证性因素分析对探索所得到的模型进行验证。同时对问卷的信度和效度进行检验，以得到具有一定信度和效度的员工组织社会化内容问卷，为后面研究奠定基础。

一　组织社会化内容结构的预研究

（一）研究目的

探索我国企业员工组织社会化内容结构，并研制组织社会化问卷，为进一步研究做准备。

（二）研究方法

本研究首先根据国外有关组织社会化的文献分析和对组织社会化概念的界定，确定访谈提纲，然后在访谈的基础上搜集有关组织社会化内容的项目，以形成组织社会化内容问卷，接着，通过问卷调查法和多元统计分析探索我国企业员工组织社会化内容结构。

（三）研究过程

鉴于国内有关组织社会化的研究较少，所以，本研究采取的思路是：借鉴国外有益经验，结合中国企业实际。为了获得必要的信息，主要做了以下3方面的工作：

1. 文献研究

检索国外相关文献，并与有关学者联系，收集国外有关组织社会化内容研究中的具体项目以形成员工组织社会化的访谈提纲。主要参考的问卷有：乔（Chao）等人在1994年研制的《组织社会化内容问卷》、汤米纳（Taormina）在1997年编制的《组织社会化问卷》、里德（Riddle）等人2000年的《小群体社会化问卷》、浩特（Haueter）等人2003年编制的《新员工组织社会化测量问卷》等。

2. 个人访谈和小组访谈

为了解企业员工组织社会化内容及其具体工作中的行为表现，研究者分别和不同企业的人力资源管理者、具有多年工作经验的企业员工进行了访谈。主要通过个别访谈和小组访谈两种形式来进行。个别访谈的对象包括广州某人才招聘现场的9名企业人力资源主管和某大学6名MBA学员。小组访谈对象为深圳某环保股份有限公司的15名员工。

访谈过程的实施步骤如下：

第一，对国内外组织社会化的有关界定进行综合，把本研究总结的组织社会化概念呈现给被访谈者；

第二，与访谈对象对所呈现的概念进行讨论。在小组访谈中采用头脑风暴的方法，让被访者根据自己的理解自由发言，列举有关自己在单位适应过程中的学习情况；

第三，考虑到组织社会化概念的抽象性和复杂性，在访谈过程中，研究者根据被试的回答进行了即时深入地追问，从而深入了解员工组织社会化的情况。

3. 开放式问卷调查

对企业员工开放式问卷调查的题目是：

① 如果一名员工进入并适应您所在的单位，他（她）需要了解贵单位哪些方面的情况？

② 如果一名员工进入并适应您所在的单位，他（她）需要做哪些方面的调整或改变？

针对上述两个题目，我们要求调查对象尽可能写出有关学习的内容或需要改变的行为。调查对象为惠州市某通信有限公司、深圳某环保股份有限公司、某大学MBA班学员等共计91名。发放调查问卷91份，回收有效问卷68份。

对开放式问卷的调查结果进行汇总，共获得311个反应项目，把所获得反应项目中的一些重复项目进行合并，而后经过内容分析和专家评价，对上述两个调查题目的结果进行总结。

在综合文献研究、访谈和开放式问卷调查的基础上，研究者初步编制了企业员工组织社会化内容问卷，共计53个项目。采用李克特6级计分法，即完全不重要、不重要、不太重要、有些重要、比较重要和非常重要。为了避免被试的反应定式，有些项目又有意地采用了反向计分。同时，在初始问卷中，研究者加入了3道测谎鉴别项目，分别来自明尼苏达多项人格测验（MMPI）中的测谎项目，以鉴别被试反应的真实性和为甄选问卷有效性提供依据。

为了检验初始问卷是否还存在表述不清、语义模糊，或者不符合企业实际的情况，在问卷编好后，我们请8名人力资源管理专业研究生对问卷进行了审阅，同时又请深圳某环保股份有限公司三名管理人员对问卷进行了确认，以确保问卷所涉及项目的重要性和普遍性，能够真正反映出员工组织社会化的内容。

（四）预试

1. 被试

预试对象为中远航运股份有限公司、广州555电池公司、广东燕塘乳业有限公司和广东发展银行等8家企业的员工。预试共发放问卷410份，回收有效问卷共计252份，回收有效率为61.46%。

2. 统计方法

统计方法为探索性因素分析、相关分析等，采用的统计软件为Spss13.0。

3. 预试结果分析

首先，对初始问卷确定的53个项目的调查数据进行探索性因素分析。在进行因素分析之前，首先进行因素分析适合度检验。判断指标通常有两个，即KMO值和Bartlett's球形检验的卡方值，如果KMO<0.5时，则不宜进行因素分析。数据分析结果表明，调查数据样本的KMO值为0.917，Bartlett's球形检验χ^2值为7385.426，显著水平小于0.001，达到非常显著水平，表明调查数据适合进行因素分析。在探索性分析中，采用主成分分析法抽取因子，用正交方差极大法进行因素旋转。

其次，计算每个项目分数与总分数的相关系数，以获取项目内部一致性系数，确定每个项目的质量高低。

结合因素分析和项目分析的结果，我们发现，初始问卷因素结构不是很清晰且存在有多重负荷项目，初始问卷还不是一个有效的问卷，需要进一步进行修订。

问卷修订的原则是:

第一,参照因素分析的结果,按照项目共同度的大小,选取因素共同度高、因素负荷高的项目,删除因素共同度低、因素负荷低的项目。根据因素分析理论,项目的因素负荷越大,说明该项目与所属的因素关系越密切。在保证某一项目在特定因素上负荷值大的前提下,若项目的共同度(即项目在各个公因素上的负荷值的平方和)也比较大,则说明该项目对特定因素的贡献大。因此,根据项目因素负荷和共同度大小可以推断各项目区分度的好坏。

第二,参照因素分析的结果,删除均衡负荷的项目,调整或删除项目含义不明确、有歧义的项目;

第三,根据项目分数与总分数的相关,删除内部一致性系数较低的项目。

经过上述修订后,初始问卷最后确定23个项目作为下一步进行调查的问卷项目。

二 组织社会化内容结构模型建构

(一)研究目的

采用预试后确定的包括23个项目的正式问卷,共计26个项目(含3个测谎题)进行大规模调查,并对数据进行多元分析,以确立我国企业员工组织社会化的内容结构。

(二)研究方法

1. 被试

在全国8个城市(广州、深圳、西安、沈阳、郑州、长沙、南京、合肥)等10多家企业发放问卷1000份,回收有效问卷472份,有效率为47.2%。被试具体情况见表4.1所示。

2. 研究工具

采用预试后确定的由23个项目构成的组织社会化内容问卷。以李克特6点量表来测量员工组织社会化内容,由"1—完全不符合"到"6—非常符合"分别为:"完全不符合"、"不符合"、"不太符合"、"有些符合"、"比较符合"、"非常符合"。

3. 统计方法

统计方法为探索性因素分析、相关分析等,采用的统计软件为Spss13.0。

4. 研究程序

正式调查问卷均在相对集中的时间内完成。部分调查由研究者现场调查,对个别问题进行现场解释。部分调查为委托施测,在委托施测前,先向他们介绍调查的意义、操作过程和应该注意的事项等。注意事项中要求被调查员工的分布尽量涉及企业的不同层次和不同部门。在调查中被调查的员工不用填写企业名称和自己的姓名。

（三）结果与讨论

1. 研究结果

对正式调查所获得的472份有效问卷进行探索性因素分析，采用主成分分析方法抽取因素，用正交方差极大法进行旋转，以特征根大于1为截取因素的标准并参照碎石图来确定项目和因素。同时对问卷的项目进行项目分析，最后删除5个项目，剩下18个项目。对这18个项目进行因素分析，采用主成分分析中的方差最大正交旋转，结果表明，组织社会化内容结构呈现出清晰的四因素结构，方差解释率为53.779%，具体项目负荷结果见表4.2所示。

2. 项目压缩后的因素分析结果

为了使问卷保持一定的简洁性，以便在今后组织中使用时更加方便、快捷，本研究对相关因素的项目进行了筛选，使其每个因素上的项目保持在四个。这样，企业员工组织社会化内容的项目最终为16个。各个项目在相应因素上的负荷结果见表4.3所示。

表4.1　　有效被试人口学、组织学特征统计（N=472）

属性	类别	数量	有效百分比（%）
性别	男	214	46.3
	女	248	53.7
	缺失	10	
年龄	25岁以下	137	29.5
	26—30岁	171	36.9
	31—35岁	80	17.2
	36—40岁	34	7.3
	41—45岁	24	5.2
	46—50岁	12	2.6
	51岁以上	6	1.3
	缺失	8	
教育程度	高中以下	16	3.5
	高中/中专	126	27.5
	大专	178	38.8
	本科	129	28.1
	缺失	13	

第四章　企业员工组织社会化内容结构研究

续表

属性	类别	数量	有效百分比（%）
工作年限	1 年以下	42	9.2
	1—3 年	121	26.5
	3—5 年	73	16.0
	5—10 年	114	24.9
	10 以上	107	23.4
	缺失	15	
企业性质	国有企业	227	49.0
	民营企业	86	18.6
	外资企业	117	25.3
	其他	33	7.1
	缺失	9	
工作种类	高层管理者	11	2.4
	中层管理者	90	19.8
	基层管理者	119	26.2
	一般员工	213	46.8
	其他	21	4.6
	缺失	18	

表4.2　组织社会化内容结构因素分析结果（N=472）

项目	因素负荷			
	F1	F2	F3	F4
清楚所在单位的价值观	.748			
了解单位创建和发展的历史	.736			
了解单位以往的重大事件	.668			
了解单位性质、业务及发展前景	.667			
与单位同事关系融洽		.775		
把同事当成自己的朋友		.679		
在单位里比较受欢迎		.623		
单位同事愿意提供建设性意见		.608		
在单位中充分发挥自己的潜能		.495		
了解单位各领导代表的利益			.742	
了解单位中的某些"潜规则"			.660	

续表

项目	因素负荷			
	F1	F2	F3	F4
了解单位中其他同事的行为动机			0.611	
知道谁是单位最有影响力的人			0.553	
知道如何获得单位受欢迎的工作				0.548
知道如何有效率地完成自己的工作				0.734
理解自己所在部门的工作职责				0.685
掌握完成工作所需要的技能技巧				0.685
了解有关自己的工作职责				0.590
特征根	5.289	1.851	1.369	1.171
解释变异量（53.779%）	29.382	10.281	7.608	6.508

表4.3　组织社会化内容结构压缩后因素分析结果（N=472）

项目	因素负荷			
	F1	F2	F3	F4
了解单位创建和发展的历史	0.752			
清楚所在单位的价值观	0.738			
了解单位性质、业务及发展前景	0.685			
了解单位以往的重大事件	0.677			
知道如何有效率地完成自己的工作		0.765		
掌握完成工作所需要的技能技巧		0.701		
理解自己所在部门的工作职责		0.677		
了解有关自己的工作职责		0.588		
与单位同事关系融洽			0.803	
在单位里比较受欢迎			0.665	
单位同事愿意提出建设性意见			0.654	
把同事当成自己的朋友			0.624	
了解单位各领导所代表的利益				0.764
了解单位中的某些"潜规则"				0.665
了解谁是单位最有影响力的人				0.588
了解单位中其他同事的行为动机				0.588
特征根	4.695	1.791	1.316	1.156
解释变异量（55.998%）	29.345	11.193	8.227	7.224

根据正式调查的因素分析结果,我国企业员工组织社会化的内容结构包括4个因素,这4个因素可以解释总变异的55.998%。上述4个因素命名及内容如下:

因素1,组织文化社会化。主要内容包括:了解单位的创建和发展历史、了解单位的性质和业务及发展前景、清楚所在单位的价值观、了解单位以往的重大事件。

因素2,工作胜任社会化。主要内容包括:了解有关自己的工作职责、知道如何有效率地完成工作、掌握完成工作所需要的技能和技巧、理解所在部门的工作职责。

因素3,人际关系社会化。主要内容包括:在单位中比较受欢迎、单位同事愿意提供协助性及建设性意见、把同事当成朋友、与单位同事关系融洽。

因素4,组织政治社会化。主要内容包括:了解单位各领导所代表的利益及其微妙关系、了解单位中的某些"潜规则"、知道谁是单位中最有影响力的人、了解单位其他同事的行为动机。

3. 正式调查问卷的平均数、标准差及相关结果

本研究结果发现,员工组织社会化内容的四个因素间存在中等程度的相关,表明这些因素是一个有联系的整体结构。

表4.4　　　　组织社会化内容问卷的描述统计结果（N=472）

	M	SD	组织文化	工作胜任	人际关系
组织文化	17.695	3.230			
工作胜任	20.469	2.359	0.430**		
人际关系	19.502	2.415	0.345**	0.420**	
组织政治	16.551	3.204	0.502**	0.311**	0.292**

注:**表示在0.01水平差异显著

三　组织社会化内容结构问卷的验证

(一) 研究目的

正式调查结果表明,员工组织社会化内容是包含16个项目的4维结构,但是这个结果只是通过探索性因素分析得到的初步结构,该理论模型是否存在,是否比单维模型或其他模型好,还需要对其进行再检验。也就是说,需要通过验证性因素分析来检验理论或构想模型的合理性和优越性。本研究将利用正式调查所确立的组织社会化内容问卷,重新收集研究数据,以验证组

织社会化内容问卷的构想效度。

（二）研究方法

1. 被试

根据验证性因素分析（confirmatory factor analysis，简称 CFA）理论，不能对同一数据做探索性因素分析后再做验证性因素分析，验证性因素分析必须重新选取新的被试。在验证性因素分析中，调查对象涉及全国 8 个城市（广州、东莞、太原、长春、郑州、宁波、杭州、苏州）15 家企业，发放问卷 1000 份，回收有效问卷 382 份，有效率为 38.2%。被试具体情况见表 4.5 所示。

2. 研究工具

采用正式调查确定的包含 16 个项目的员工组织社会化内容问卷，以李克特 6 点量表来评价员工组织社会内容的程度，由 "1—完全不符合" 到 "6—非常符合" 分别为："完全不符合"、"不符合"、"不太符合"、"有些符合"、"比较符合"、"非常符合"。

3. 统计方法

研究使用的统计分析方法是验证性因素分析，使用的统计分析软件为 Lisre 18.50。

验证性因素分析（confirmatory factor analysis，CFA），又称为结构方程模型（structural equation modeling，SEM）、协方差结构模型（covariance structure models）等。该方法具有 3 个主要的基本功能：一是判断测量模型（measurement model）的优劣，二是判断因果模型的质量和优劣，三是比较多样本模型的相似性。其中很重要的一个作用就是比较测量模型的优劣，对问卷的构想模型进行验证。

与探索性因素分析相比，结构方程模型具有下列 4 个优点：（1）可以对研究构想模型进行验证，而探索性因素分析相对来说对检验理论构想比较困难；（2）可以根据理论和实际情况来确定潜变量之间的关系，而探索性因素分析则假设因素间要么相关，要么不相关；（3）可以指定误差之间的相关，而探索性因素分析假设特定误差之间均无相关；（4）在功能方面，结构方程模型比探索性因素分析更全面。其基本思路是从理论模型出发，寻求理论的数据支持，而不像探索性因素分析那样从数据出发获得结构或理论。因此，本研究采用验证性因素分析对正式调查的探索性因素得到的组织社会化内容问卷的结构进行验证。

根据 SEM 理论，对模型进行分析比较主要参考以下 3 个方面的指标

(Kelloway, 1998)。

(1) 绝对拟合指标 (absolute fit index)。绝对拟合指标用以决定理论的整体模型能够预测观察共变数或相关矩阵的程度。也就是说，评价一个事前的模型能够再制样本资料的程度。常用于评价整体拟合的绝对拟合指标主要包括：

χ^2 值。对 SEM 而言，χ^2 统计为一种差性适配 (badness-of-fit measure) 的指标，在某种自由度之下获得一个显著的 χ^2 值，代表观测矩阵和理论估计矩阵之间是不适配的。而模式的适配检验是期望获得资料与模式是匹配的，因此就必须获得不显著的 χ^2 值。学者们一般建议为 χ^2 的显著水平需大于 0.1 以上，模式才可以被接受。也就是说，一个不显著的 χ^2 值表示模式与观察资料相匹配。但是 χ^2 值对样本数相当敏感，当样本越大时，χ^2 值越容易达到显著，导致理论模式被拒绝。因此，χ^2 值通常和自由度联系在一起来作为评价整体拟合度的指标，即 χ^2/df 值。一般认为，$\chi^2/df<3$，表明整体模型拟合比较好；$3<\chi^2/df<5$，表明整体拟合不太好，但是可以接受；$\chi^2/df>5$，表明模型拟合程度比较差；$\chi^2/df>10$，表明整体模型拟合程度很差。

表 4.5　　有效被试人口学、组织学特征统计 (N=382)

属性	类别	数量	有效百分比 (%)
性别	男	184	49.1
	女	191	50.9
	缺失	7	
年龄			
	25 岁以下	144	30.4
	26—30 岁	158	42.1
	31—35 岁	55	14.7
	36—40 岁	23	6.1
	41—45 岁	17	4.5
	46—50 岁	7	1.9
	缺失	7	
教育程度	高中以下	15	4.0
	高中/中专	87	23.1
	大专	136	36.1
	本科	132	35.1
	研究生	7	1.9
	缺失	5	

属性	类别	数量	有效百分比（%）
工作年限	1年以下	24	6.4
	1—3年	123	33.0
	3—5年	79	21.2
	5—10年	76	20.4
	10年以上	71	19.0
	缺失	9	
企业性质	国有企业	172	46.0
	外资企业	96	25.7
	民营企业	76	20.3
	其他	30	8.0
	缺失		
工作种类	高层管理者	8	2.2
	中层管理者	67	18.1
	基层管理者	98	26.4
	一般员工	185	49.9
	其他	13	3.5
	缺失	11	

RMSEA（root mean square error of approximation）。近似误差均方根（RMSEA）指标是近年来相当受到重视的一个模型适配指标，斯坦格和林德（Steiger 和 Lind，1980）最早提出此一概念。研究表明，RMSEA 在评价适配度时表现得比许多其他指标还要好（Broene 和 Arminger，1995；Browne 和 Cudeck，1993；Marsh 和 Balla，1994；Stdiger，1990；Sugawara 和 MaCallum，1993）。RMSEA 的值在 0—1 之间，RMSEA 越接近 0，表示整体拟合度越好。一般认为，当 $RMSEA \leq 0.05$ 时，表示理论模式可以被接受，通常被视为良好拟合；$0.05 < RMSEA < 0.08$ 可以视为算是不错的拟合；$0.08 < RMSEA < 0.10$ 则是中度拟合；$RMSEA > 0.10$ 表示不良拟合。

GFI（goodness of fit index）。适配度指标（GFI）是一种非统计的测量，由朱里斯考格和索波姆（Jöreskog 和 Sörbom，1981）所提出。其范围大小介于 0—1 之间，GFI 越接近 1，表明模型整体拟合度较好，通常学者建议当 $GFI > 0.90$ 时表示良好的拟合程度。

AGFI（adjusted goodness of fit index）。对调整后适配指标（AGFI）而言，

其目的在于利用自由度和项目个数之比率来调整 GFI，也是由朱里斯考格和索波姆（Jöreskog 和 Sörbom，1981）所提出。其范围大小介于 0—1 之间，AGFI 其范围大小介于 0—1 之间，AGFI 越接近 1，表明模型整体拟合度较好，通常学者建议当 AGFI > 0.90 时表示良好的拟合程度。

（2）相对拟合指标（relative fit index）。相对拟合指标，也称为增值拟合指标（incremental fit index）或比较拟合指标（comparative fit index），其目的是用来对不同的理论模型进行比较。用于评价整体拟合的相对拟合指标主要包括：

NFI（normed fit index）。规范拟合指标是由本特勒和博内特（Bentler 和 Bonett，1980）所提出，是测量独立模型和设定模型之间卡方值的缩小比例。一般认为，NFI > 0.90，表明模型拟合较好。

NNFI（non - normed fit index）。不规范拟合指标由本特勒和博内特（Bentler 和 Bonett，1980）提出，可以避免模型复杂度的影响。一般认为，NNFI > 0.90，表明模型拟合较好。

CFI（comparative fit index）。比较拟合指标（CFI）是本特勒（Bentler）于 1990 年提出的一个指标，目的是克服 NFI 在嵌套模型上所产生的缺失。CFI 的值介于 0—1 之间，CFI 越接近于 1，表明模型整体拟合程度越好。一般认为，CFI > 0.90，表明模型拟合较好。

$\triangle \chi^2$ 值。χ^2 值是两个比较模型 χ^2 值之差。如果一个模型与另一个比较模型相比，χ^2 值减少，且 χ^2 达到显著水平，则说明该模型比另一个比较模型更为理想。

（3）简约拟合指标（parsimony fit index）。简约拟合指标用以呈现需要达到某一特殊水平的模型拟合的估计系数（estimated coefficients）的数目是多少。对简约拟合指标的操作性定义为检查模型的自由度与虚无模型的自由度之比率（Marsh 和 Hau，1998），其主要目的在于更正模型的任何有过度拟合的情况。用于评价整体拟合的简约拟合指标主要包括：

PNFI（parsimonious normed fit index）。简约规范拟合指标（PNFI）乃是对 NFI 的修正，其修正方式是将 NFI 乘以简约比值，其简约比值为理论模型自由度除以虚无模型自由度。PNFI 的值在 0—1 之间，越接近于 1 表明模型越节俭。目前有些学者建议若不作模型比较时，可采用 PNFI 值 > 0.5 为模型通过与否的指标。

PGFI（parimonious googness - of - fit index）。简约良性拟合指标（PGFI）是将 GFI 乘以简约比值的一个指标，其值介于 0—1 之间，值越大表示模型越节俭。若作为模型是否接受的标准时，一般采用 PGFI 值 > 0.5。

CN（Hoelter, s critical）。霍尔特（Hoelter, 1983）提出此一指标的目的是希望给研究者的样本提出一个合理的指标，使研究者知道其所使用的样本数是否足够用来估计模型的参数以及模型的拟合。所以，通过 CN 值的模型表示样本数足够用以评价模型。霍尔特（Hoelter）建议 CN≥200 时决定模型是否能够接受的一个门槛。

对以上各项结构方程拟合指标的判断，如表 4.6 总结所示（邱皓政，2004）。

结构方程模型理论认为，评价一个模型的拟合程度是一个复杂的问题，在进行模型评价时，不同拟合指标评价的侧重点不同。因此，一般认为，对于某个模型的好坏，不能以一个，而应该以多个指标进行综合评价。哈尔等（Hair 等，1998）建议最好能够同时考虑上述 3 类指标，其好处是在使用此 3 类指标时，对模型的可接受性比较能够产生共识的结果。因此，参照公认的标准，在本研究中，研究者采用 χ^2，χ^2/df，RMSEA，GFI，CFI，NNFI 和 PNFI 等来对各种模型进行比较、评价。

表 4.6　　各种不同拟合指标的比较

指标名称与性质	范围	判断值	适用情况
χ^2 Test 理论模型与观察模型的拟合程度	—	p>0.50	说明模型解释力
χ^2/df 考虑模型复杂度后的卡方值	—	>2	不受模型复杂度影响
RMSEA 比较理论模型和饱和模型的差距	0—1	<0.05	不受样本数与模型复杂度影响
GFI 假设模型可以解释观察资料的比例	0—1	>0.90	说明模型解释力
AGFI 考虑模型复杂度后的 GFI	0—1	>0.90	不受模型复杂度影响
PGFI 考虑模型的简约性	0—1	>0.50	说明模型的简单程度
NFI 比较假设模型与独立模型的卡方差异	0—1	>0.90	说明模型较虚无模型的改善程度
NNFI 考虑模型复杂度后的 NFI	0—1	>0.90	不受模型复杂度影响
PNFI 模型节俭程度	0—1	>0.50	说明模型的节俭程度
CFI 假设模型与独立模型的非中央性差异	0—1	>0.90	说明模型较虚无模型的改善程度
CN 产生不显著卡方值的样本规模	—	>200	反应样本规模的适切性

资料来源：邱皓政，2004。

（三）研究假设

结构方程模型技术的关键在于通过比较多个模型之间的优劣，以确定最佳匹配模型。在本研究中，研究者通过分析4因素模型与其他可能存在的若干模型的优劣比较，最终找出最佳模型。本研究假设组织社会化内容结构是一个4因素的模型（如图4.1所示）。而竞争模型的假设包括单因素模型、2因素模型和3因素模型。

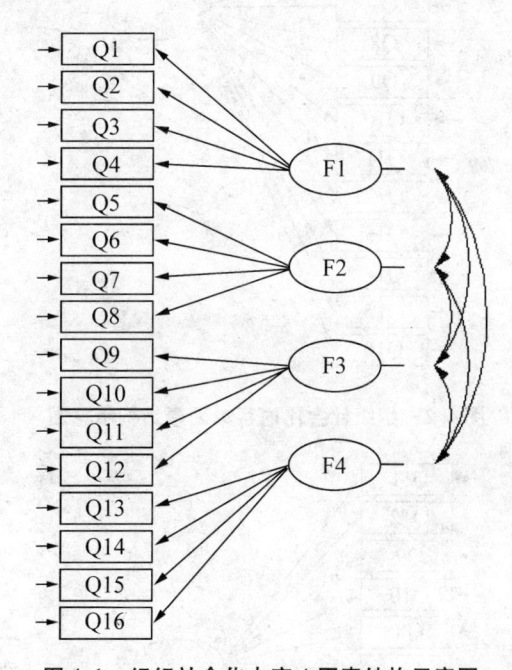

图4.1 组织社会化内容4因素结构示意图

第一，从前面的研究结果可知，员工组织社会化内容结构是一个4因素的结构，但研究发现，这些因素间具有中等程度的相关，有没有可能组织社会化内容本身是个单因素的结构呢？此外，里德（Riddle）等人通过小组访谈研究构建了14个项目的《小群体社会化问卷》，因素分析结果表明，小群体社会化问卷是一个单维的结构。研究假设的单因素结构模型图见图4.2所示。

第二，员工组织社会化内容结构的二维模型。研究在探索性因素分析基础上，采用主成分最大方差旋转，强迫16个项目抽取2个因素，探讨2因素结构是否优于四因素结构？其中Q11、Q12、Q9、Q10、Q8、Q6、Q5、Q7、Q3为第一个因素，Q14、Q13、Q15、Q4、Q16、Q2、Q1为第二个因素。两个因素的方差解释率分别为：28.458%、9.902%，总方差解释率为38.361%。其模型结构如图4.3所示。

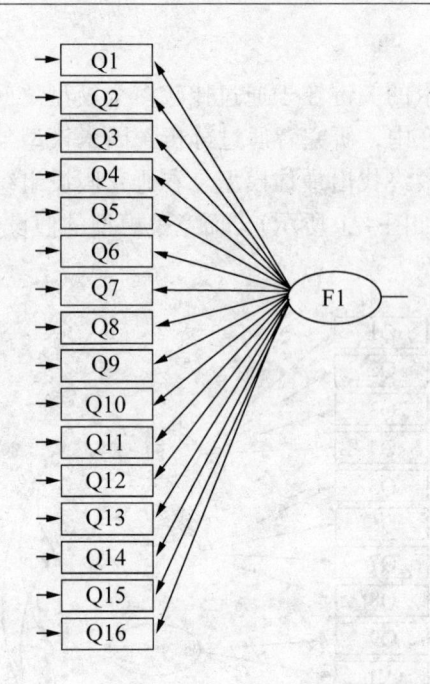

图 4.2 组织社会化内容单因素结构示意图

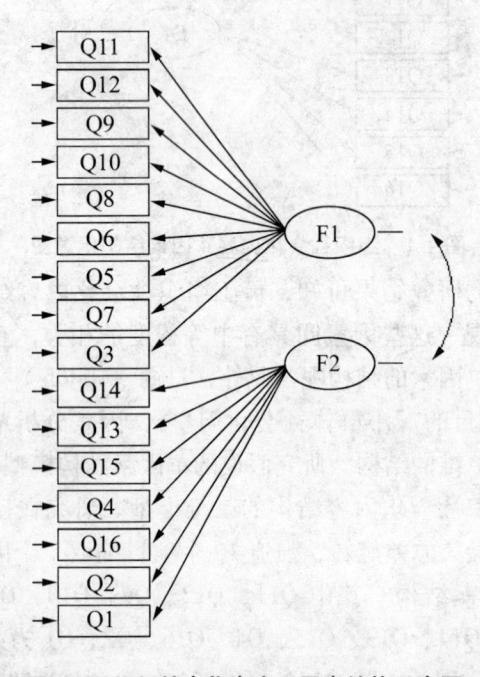

图 4.3 组织社会化内容 2 因素结构示意图

第四章 企业员工组织社会化内容结构研究

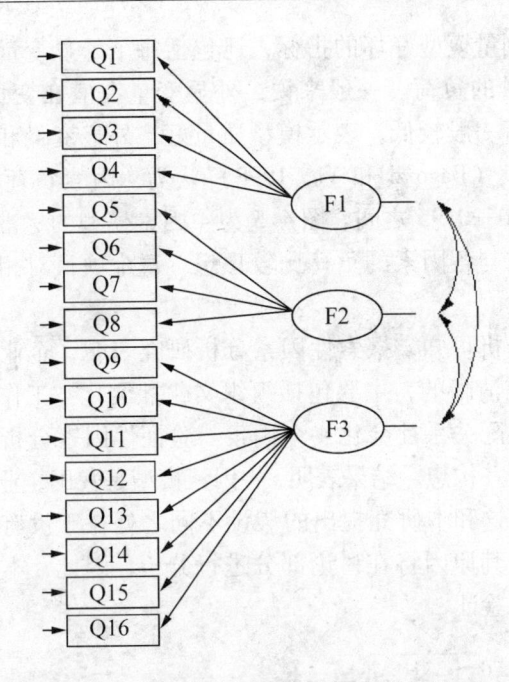

图 4.4　组织社会化内容 3 因素结构示意图

第三，由于组织政治社会化内容和人际关系社会化内容二者在一定程度上反映了组织内人际关系沟通技巧，对企业员工而言，二者的概念比较接近。这在研究者调查的过程中也发现了类似的情况。因此，3 因素模型假定组织政治社会化和人际关系社会化是 1 个维度，其模型结构如图 4.4 所示。

（四）结果分析

从表 4.7 中可以看出，把组织社会化看成是单因素结构模型，以及把组织社会化内容结构看成是 2 因素结构和 3 因素结构等模型，其 RMSEA、GFI、CFI、NNFI、PNFI 等指标均未达到理想水平，而对于 4 因素模型而言，其各项指标均达到理想水平。比较而言，4 因素模型是比较理想的组织社会化内容模型。

表 4.7　组织社会化内容结构验证性因素分析结果比较

	χ^2	df	χ^2/df	RMSEA	CFI	GFI	NNFI	PNFI
虚无模型	2769.67	120	23.081					
单因素模型	507.25	104	4.877	0.103	0.717	0.852	0.673	0.579
2 因素模型	425.49	103	4.131	0.093	0.753	0.873	0.712	0.602
3 因素模型	391.81	101	3.879	0.089	0.807	0.881	0.771	0.633
4 因素模型	223.55	98	2.281	0.059	0.901	0.929	0.881	0.685

另外，评价测量模型好坏的指标，还包括每个外显变量在潜变量上的负荷，以及误差变量的负荷。一般来说，外显变量在潜在变量上的负荷较高，而在误差上的负荷一般较低，表示模型质量好，外显变量和潜在变量的关系可靠。巴格兹和伊（Bagozzi 和 Yi，1998）认为，因素负荷量不能太低或太高，最好介于 0.50—0.95 之间。图 4.5 为 4 因素模型的标准化结果，从图中可以看出，各项目与各因素的负荷比较理想，每个项目对相应潜变量的解释率较大，误差较小。

由上述结果分析可知，探索性因素分析研究表明，企业员工组织社会化的内容结构是比较清晰的，主要包括组织文化社会化、工作胜任社会化、组织政治社会化、人际关系社会化 4 个因素。验证性因素分析的结果支持了探索性因素分析的这一构想。结果表明，4 因素模型是我国企业员工组织社会化内容的理想模型。这和本研究提出的假设不同之处在于没有包含组织语言社会化方面的内容，其原因将在讨论部分进行分析。因此，本研究提出的假设得到了一定程度的验证。

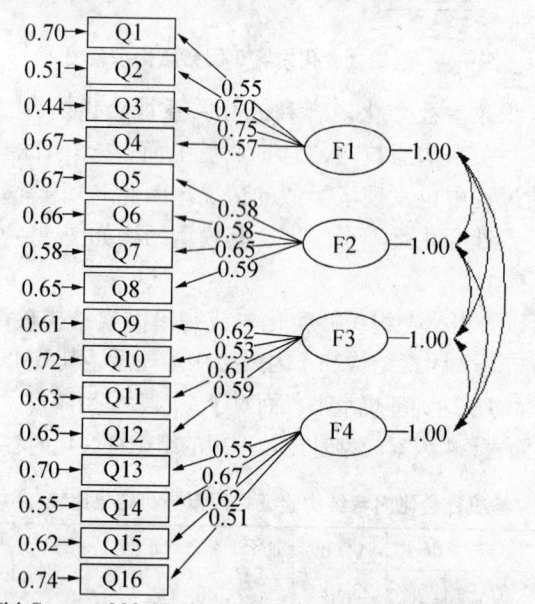

Chi-Square=223.55, df=98, p-value=0.0000, RMSEA=0.059

图 4.5　组织社会化 4 因素结构模型完全标准化解

四 组织社会化内容问卷的信度和效度

(一) 研究目的

进一步考察组织社会化内容问卷的信度和效度。

(二) 研究方法

1. 被试

运用正式问卷调查的 472 名被试数据和验证性因素分析调查中的 382 名被试数据。

2. 统计分析方法

描述性统计、探索性因素分析和验证性因素分析。

(三) 结果分析

1. 信度分析

内部一致性信度。各维度及总的内部一致性系数如表 4.8 所示。从表中可以看出，各个维度的内部一致性系数除了第 4 个维度为 0.687 外，其他 3 个维度的内部一致性信度系数均高于 0.700，而总问卷的内部一致性信度系数为 0.833。有学者（Nunnally, 1978; Day, 1992）认为，Cronbach α 系数的取舍标准为：Cronbach α 系数小于 0.35 表示信度过低；Cronbach α 系数在 0.65 以下，则应重新修订研究工具或重新编制量表；Cronbach α 系数介于 0.65—0.70 之间是最小的可接受值；Cronbach α 系数介于 0.70—0.80 之间表示相当好，Cronbach α 系数介于 0.80—0.90 之间表示非常好，Cronbach α 系数在 0.90 以上表示测量或问卷的信度甚佳。一般而言，统计学关于信度的要求认为，如果因素的信度系数在 0.70 以上，表明因素分析的结果是可以接受的。因此，本问卷的信度基本上符合心理测量学的要求，结果是可信的。

表 4.8 组织社会化内容各维度及总问卷内部一致性信度（N=472）

因素	F1	F2	F3	F4	总问卷
α 系数	0.757	0.716	0.702	0.687	0.833

2. 效度分析

(1) 结构效度

所谓结构效度是指某个心理测验在多大程度上正确地验证了编制测验的理论构想（凌文辁，2003）。就本研究而言，首先，上述对问卷的探索性因素分析和验证性因素分析的结果可以作为问卷结构效度的一个证明。结果表明，因素结构清晰，各项指标符合心理测量学的要求，而且验证性因素分析的结果与研究的理论构想相吻合。

其次，四个分量表中的项目与各自维度总分之间的相关，也可以作为问卷结构效度的一个证明，其结果见表4.9所示。从表中可以看出，各项目与各自维度总分之间的相关在0.669—0.797之间，且均达到极为显著的水平，这说明各个分量表内部的同质性较好，这从另一个角度表明了研制的组织社会化内容问卷具有较好的结构效度。

表4.9　　　　项目与各维度总分之间的相关（N=472）

项目	F1	F2	F3	F4
Item1	0.775**	0.772**	0.794**	0.733**
Item2	0.757**	0.755**	0.669**	0.736**
Item3	0.761**	0.710**	0.720**	0.691**
Item4	0.757**	0.704**	0.710**	0.691**

注：Item1表示相应维度中的第一个项目，其余类推。**表示$p<0.01$

(2) 内容效度

内容效度是指一个测验的内容它所要测量的主题（凌文辁，2003）。在组织社会化内容问卷研制过程中，我们分别征询了企业人力资源管理者和人力资源管理专业研究生的意见，请他们对问卷的内容进行了审定。同时以企业员工为被试进行了预试和数据处理分析，最终形成了本研究的初步问卷。根据测量结果可以看出，问卷的内容基本上能够反映企业员工组织社会化的内容状况，因此，问卷也具有较好的内容效度。

(3) 效标效度

效标效度是将测验分数与外在独立的效标进行比较（凌文辁，2003）。表4.10是员工组织社会化内容各维度与效果变量如工作绩效、工作满意度、组织认同和离职意愿（这些问卷的信度和效度结果参见第六章研究）的简单相关系数矩阵。从表中可以看出，组织社会化内容和工作绩效、工作满意度、组织认同均有显著的正相关，而与离职意愿存在负相关。这也进一步说明了组织社会化内容问卷的有效性。

表 4.10　各研究变量的平均数、标准差和相关系数矩阵（N=382）

变量	M	SD	1	2	3	4	5	6	7
1 组织文化	17.876	3.030							
2 工作胜任	20.397	2.326	0.425**						
3 人际关系	19.454	2.269	0.403**	0.367**					
4 组织政治	16.808	3.102	0.506**	0.306**	0.267**				
5 工作绩效	16.729	3.061	0.301**	0.357**	0.388**	0.230**			
6 工作满度	19.313	4.580	0.227**	0.179**	0.334**	0.195**	.291**		
7 组织认同	18.846	3.601	0.375**	0.229**	0.419**	0.183**	.261**	0.455**	
8 离职意愿	8.743	3.019	−0.150**	−0.186**	−0.224**	−0.048	−0.077	−0.403**	−0.441**

注：＊＊＊表示 $p<0.001$，＊＊表示 $p<0.01$，＊表示 $p<0.05$。

五　结果与讨论

由从上述结果可知，基于员工进入组织需要学习的内容出发，经过对我国企业员工组织社会化内容所进行的探索性因素分析和验证性因素分析，结果表明，我国企业员工组织社会化内容结构呈现出比较清晰的 4 因素结构，包括组织文化社会化、工作胜任社会化、人际关系社会化和组织政治社会化。研究结果基本符合我国企业的实际情况。

和乔等（Chao 等，1994）的研究结果相比，相同点是均包含了组织政治、人际关系和工作胜任 3 个维度，而本研究中的组织文化维度包括了乔（Chao）等研究的中的组织价值观和组织历史。不同点在于本研究结果表明，我国企业员工组织社会化内容不包括组织语言社会化和组织目标社会化这两个方面。其原因主要表现为以下几点：其一，我国市场经济发展表明，目前我国大多数企业处于创业期或成长期，企业自身还没有厘清企业未来的发展目标，尤其是中小企业（包括民营企业）。即使在一些大型国有企业存在一定清晰的发展目标，但这些目标也是比较空洞而宽泛，并且这些目标多有企业管理层拟定而出，企业普通员工很难有机会参与到企业目标制定的过程中。再加上 20 世纪 80 年代的新型员工具有独立价值观和情绪变化大等特质，他们的传统职业道德观念很淡薄，往往强调自我实现，对企业的忠诚度和企业发展目标并不是很关心。其二，我国劳动力市场还是属于劳动密集型，加工和制造等行业还是占据了半壁江山，这些行业并不一定需要高精端的技术性知识。因此，在技术性语言方面，我国企业员工并不认为是适应企业所必需学习的必要任务之一。其三，汉字的特殊性使其有别于英文字母，在英语语言中，有大量的字母缩略词，但在汉语中较少有大量的缩写词等现象。

六 小结

1. 经过访谈、开放式问卷、预试以及对正式调查数据的探索性因素分析和验证性因素分析，结果表明，员工组织社会化内容结构是4因素结构，即：组织文化社会化、工作胜任社会化、组织政治社会化、人际关系社会化。

2. 组织社会化内容问卷具有一定的信度和效度，符合心理测量学的要求。

第五章 员工组织社会化内容的影响因素研究

一 研究目的

影响员工组织社会化内容学习的因素是多方面的，这不是几项研究所能够完成的。在本研究中，研究者采用互动的视角，从个体因素和组织因素两个方面，探讨影响员工组织社会化程度的因素。其中，个体因素包括主动个性（Proactive personality）和内外控个性（Internal/External locus of control）；组织因素包括组织社会化策略的三种形式：集体的与个别的组织社会化策略、固定的与变动的组织社会化策略、伴随的与分离的组织社会化策略，上述三种组织社会化策略分别属于组织社会化策略的3个维度，即内容维度、情景维度和社会维度。

二 研究的相关理论和研究假设

（一）个体因素与组织社会化程度

由于员工组织社会化研究主要描述的是员工在组织中对新角色的调适，因此必须强调个体的观点，所以个体的差异将对组织社会化内容的学习有明显的影响（Chao 等，1994；Jones，1983；Louis，1980?；Reicher，1987）。本研究拟从主动个性和内外控个性两个方面加以探讨。

所谓内外控个性倾向，最早是由罗特（Rotter）在1954年率先倡导的。罗特（Rotter，1966）认为，由于个体早年经验和当前环境的综合效果，不同的个体对同一事件会产生不同的反应。内控倾向的个体认为，自己可以控制自己的命运，通过自己的能力和努力可以改变自己的命运，因而在行为和态度上表现出较为主动积极性；而外控倾向的个体则认为，自己受到命运、机遇、运气、他人权威等外在因素所摆布，人生的成功与否是机会和运气的组合，自己的命运受到外力的控制。因此，在实际的工作环境中，内控倾向者可能表现较为主动积极，努力寻求工作所需的知识和技能，而外控倾向者较为消极依赖，并且相信命运会做出一切的安排。因此，内外控个性倾向的差异会影响企业员工寻求工作环境信息的主动性，进而影响其组织社会化内容的学习程度。

在组织行为学研究中，主动个性强调的是存在于个体间的个体追求个人目标和愿望的主动性差异。贝特曼和克兰特（Bateman 和 Crant，1993）认为，个体在主动行为表现上存在个体差异。研究表明，员工主动个性在组织社会化过程中扮演着正向的角色。具体而言，员工主动个性与员工任务掌握、组织角色澄清、人际互动、组织政治认知之间存在显著正相关（Chan 和 Schmitt, 2000; Kammeyer – Mueller 和 Wanberg, 2003）。因此，本研究提出如下假设：

假设1：员工个体因素影响组织社会化程度。

假设1a：员工越倾向于内控的个体，其组织社会化程度越高。

假设1b：员工主动个性对其组织社会化程度有正向影响。

（二）组织社会化策略与组织社会化程度

组织社会化策略是指组织通过某种特定的策略（tactics）或方式加速员工的社会化过程，以使员工成为组织所期望的角色。范玛内姆和薛恩（Van Mannen 和 Schein）最早提出了6种对立的组织社会化策略，琼斯（Jones, 1986）将上述6种策略区分为制度化策略社会化（institutional tactics）和个体化策略社会化（individual tactics），并编制了组织社会化策略问卷，共计30个项目组成。

在组织社会化文献中，大多数有关组织社会化策略的研究关注的是组织实施社会化策略对员工心理和行为的影响，而与组织社会化程度的相关研究不多。研究发现，参加正式组织层面导向培训的员工与没有参加组织层面导向培训的员工相比，他们在组织目标和价值观、组织历史、组织中人际关系3个维度上存在显著差异。探讨了组织社会化策略与员工有效社会化的关系，其中员工组织社会化程度是从任务掌握、工作群体功能、知识和文化接受、个人学习、角色澄清等方面来衡量的。研究结果发现，组织社会化策略对员工有效组织社会化的作用非常突出，其中，组织中有经验的员工在新进员工有效社会化过程中起关键作用。在各种组织社会化策略中，集体社会化策略、程序社会化策略、伴随社会化策略与固定社会化策略和新进员工的组织社会化程度提高有正向关系，而正式社会化策略、赋予社会化策略则和员工组织社会化程度没有太大关系。因此，本研究假设如下：

假设2：组织社会化策略对员工组织社会化程度有正向影响效果；

假设2a：集体的/个别的策略对员工组织社会化程度有正向影响；

假设2b：固定的/变动的策略对员工组织社会化程度有正向影响；

假设2c：伴随的/分离的策略对员工组织社会化程度有正向影响。

三 研究方法和程序

（一）研究工具

1. 组织社会化内容问卷

采用第四章研究所探索和验证的包括4个维度16个项目的组织社会化内容问卷。

2. 主动个性问卷

主动个性问卷（Proactive personality）采用利登等（Liden et. al, 2002）编制的问卷，该问卷为一个维度，由"我擅长发现机会"等6个项目组成。

3. 内外控个性问卷

内外控个性（Internal/External locus of control）是指个体认为自己可以掌控自己命运的程度。问卷采用罗特（Rotter, 1996）所发展的内外控问卷，问卷为一个维度，由"如果我制定计划，我一定要确定计划行得通"等9个项目组成，其中"我喜欢有一点靠运气的游戏，比较不喜欢完全需要技巧的游戏"、"我通常不设定目标，因为太花费时间"、"在竞争环境下，会妨碍我的卓越表现"、"我觉得通常人们会有成就，只是因为侥幸"、"在做超过我能力以外的事情时，我觉得成功的机会不大"等5个项目采用反向计分。问卷加总后平均分数越高表示内控倾向越高。

4. 组织社会化策略问卷

组织社会化策略问卷采用范玛内姆和薛恩（Van Maanen和Schein, 1979）提出的组织社会化理论概念和琼斯（Jones, 1986）所发展的"组织社会化策略问卷"（scales measuring socialization tactics）作为本研究组织社会化策略的构建。琼斯（Jones）将组织社会化策略区分为内容维度、情景维度和社会维度。本研究中，组织社会化策略问卷采用琼斯（Jones）的分类方式，分别取每个维度概念下的一个子维度来进行探讨。这3个子维度分别是：集体的/个别的社会化策略、固定的/变动的社会化策略、伴随的/分离的社会化策略，每种策略分别包括5个项目，共计15个项目。

上述所采用的5个影响因素问卷，均采用李克特6点量表进行评价，由"1—完全不同意"，到"6—完全同意"，分别为"完全不同意"、"不同意"、"不太同意"、"有些同意"、"比较同意"、"完全同意"。同时，在研究过程中，研究者对4个影响因素变量均采用了标准的翻译和回译程序（translation and back translation）来确保量表的中文版与英文版意义相同，以确保问卷翻译的准确性，并使问卷项目的中文表达较符合我国企业实际。

（二）被试

对影响因素问卷质量分析的被试来源为第一次正式施测的472份有效问卷，对组织社会化与影响因素变量关系的研究被试来源为第二次正式施测的382份有效问卷，具体被试情况见第四章表4.1和表4.5所示。

（三）统计方法

本研究采用探索性因素分析（Exploratory factor analysis）和典型相关分析（Canonical correlation analysis）等统计方法，使用的统计软件为 Spss13.0。

1. 典型相关分析的基本思想

典型相关分析（canonical correlation analysis）是近年来开始普及的一种新型多元统计技术，其源于荷泰林（Hotelling）在1936年《生物统计期刊》上发表的一篇文章《两组变量之间的关系》。

在统计分析研究中，我们用简单相关系数反映两个变量之间的线性相关，用复相关系数反映一个变量和多个变量之间的线性相关。而典型相关分析则是求出一组 X 变量（自变量或控制变量）和一组 Y 变量（因变量或效标标量）间是否有显著的关系。值得注意的是典型相关分析并不是分别对其中一个变量组的每个变量与另一组多个变量之间做多元相关或多元回归，而是将各组变量均作为整体来对待，因此，典型相关分析描述的是两个变量组之间的整体相关形式，而不是关于两个变量组中变量的相关。为了衡量两组变量间的关系，就要求出 X 变量间的线性组合和 Y 变量间的线性组合，并使这两组的线性组合有最大的相关。由于 X 变量与 Y 变量的线性组合是潜在的未知变量，无法观察到，研究者称之为典型变量（canonical variates），表示两个或多个变量的加权数（weighted sum）。两个典型变量间的相关成为典型相关，典型相关系数用 "ρ" 符号表示。

2. 典型相关分析的基本思路

其基本思路是：假设在自变量组有 m 个变量（X_1, X_2, …X_m），因变量组有 n 个变量（Y_1, Y_2, …Y_n），两组变量通过线性组合分别形成典型变量 U_m 和 V_n。通过计算这两组变量的线性组合（$U_m = a_1 X_1 + a_2 X_2 + … + a_m X_m$ 和 $V_n = b_1 Y_1 + b_2 Y_2 + … + b_n Y_n$），使这两组线性组合间的简单相关达到最大值，也就是说分别计算这两组权数（a_1, a_2, …a_m 和 b_1, b_2, …b_n）。事实上，典型相关分析并不仅仅计算一对线性组合 U_1 和 V_1，而是逐次地计算原始变量的 k 对线性组合（U_1, V_1），（U_2, V_2）…（U_k, V_k），其中 k = min（m, n）表示两组原始变量中较小的那个变量组个数，使得第一对线性组合 U_1 和 V_1 具有最大的相关，第二对线性组合 U_2 和 V_2 分别和第一对线性组合不相关，且 U_2 和 V_2 具有最大的相关。依此类推，直至找到第 k 对线性组合 U_k 和 V_k 为止。这第 k 对线性组合可以解释两组原始变量间的相关的全部信息，其解释的强度是逐渐递减的，即第一对线性组合的变量可以解释原始变量所含信息的比例最高，第二对可解释的比例次之，依此类推。一般来说,前1—2对典型变量就可以较为充分地概括样本信息,因此典型相关可以起到简化数据的作用。此外,由于各个典型变量是相互独立的,因此所能解释的两组原始变量间的方差变化或比例具有可加性,即可使所有原始变量的方差变化在少量的几个相互独立的新维度上得到足够的解释。

在典型相关分析过程中,对于上述线性组合的方程式,应当注意以下3个问题:

(1) 典型相关分析中提取方程式的个数。方程式的最大数目等于自变量组(X组)与因变量组(Y组)中数目最小的个数。如在自变量组中有3格变量(X_1, X_2, X_3),在因变量组有5个变量(Y_1, Y_2, Y_3, Y_4, Y_5),则最多有3个方程式,也就是说,典型相关分析中最多出现3个典型相关系数。

(2) 典型相关分析中出现的方程式显著性与否,每一个方程式关系强度如何?典型相关分析中,整体效果分析检验要看Wilks Lambda的值,每个方程式的个别检验要看F值检验结果。而相关强度则可以从典型相关系数加以判别,典型相关系数是一个方程式中X组变量的线性组合与Y组变量的线性组合的皮尔逊相关系数,每个方程式有它自己的典型相关系数。典型相关系数的平方是一组变量的变异量可以被另一组变量变异量解释的百分比。

(3) 每个变量对方程式的贡献程度。在多元回归分析中,可以从标准化回归系数的大小来判断哪个自变量对因变量有最大影响力。在典型相关中,可以从自变量和因变量中每个变量的标准化典型系数的大小和自变量与因变量的典型负荷量、典型交叉负荷量的大小两个方面来判断。

3. 典型相关分析的关键指标

在对两组变量之间的相关性进行分析比较时,主要参考以下几项指标:

(1) Wilks L。Wilks L是典型相关系数检验显著性的值,是组内离均差平方和与总离均差平方合的比,ρ值的大小介于0—1之间,如果ρ值小,表示组内离均差平方和越小,相对的组间离均差平方和越大,表示各组平均数间的差异也就越大;相反,如果ρ值越大,则表示各组平均数间越没有差异。

(2) 典型相关系数ρ及典型相关系数平方ρ^2。典型相关系数是表示两组变量间相关程度大小的指标,介于-1.00—1.00之间,正负符号表示相关的方向,正值表示正相关,负值表示负相关。在统计分析中,相关系数的意义和样本大小有关，如果被试样本很大，即使相关系数很小，也很容易达到显著。因而在相关分析的解释过程中，除了说明两个变量是否达到显著外，还应呈现典型相关系数的平方大小。ρ^2 是一组变量的变异量可以被另一组变量变异量解释的百分比。

（3）典型冗余指数和抽取变异数百分比。抽取变异数百分比是指抽取的两个典型变量对因变量所能解释的变异数百分比，典型冗余指数是一组变量的变异数被对方典型变量解释的平均比例，即典型冗余指数=抽取变异数百分比×典型相关系数的平方。

4. 典型相关分析的基本假设

在典型相关分析中，假设有两组变量（X 和 Y），其变量数目分别为 m 个和 n 个。那么，典型相关分析的基本假设如下：

（1）X 与 Y 变量必须均为计量性资料（等距变量或比率变量）；

（2）m 与 n 均都大于 1；

（3）典型因素的数量等于 m 或 n 中较小者，即 k = min (m, n)，k 为典型因素数量；

（4）X 与 Y 变量间线性组合的简单相关必须最大；

（5）非相应的典型因素间必须相互独立，即相关为 0。

在本研究中，自变量（控制变量）为影响因素，包括 5 个因素；因变量（效标变量）为组织社会化程度，包括 4 个因素。其中自变量和因变量的个数均超过两个以上，所以，探讨影响因素和员工组织社会化内容的学习之间的关系选用典型相关方法。

四　研究结果与分析

（一）影响因素问卷的质量分析

由于我国人力资源管理研究工作开展相对比较晚，许多基本的组织行为学研究工具或问卷等有的正在修订，有的还没有修订和标准化，即使有一些修订了的问卷，由于公开程度不高，或有的问卷项目过长，也难以使用。而在一个研究中又不可能将所有的研究工具予以重新研制或修订。因此，在本研究中，除了员工组织社会化内容问卷是我们研制外，其他影响因素问卷主要是借用国外常用或影响比较大的问卷。这些影响因素问卷主要是翻译国外的问卷或按照国外学者的研究思路编制的，其问卷是否适合中国企业员工使用，尚需要中国企业员工样本作进一步检验。因此，本研究对这些影响因素问卷的信度和效度使用中国被试样本进行检验，以保证推论的可靠性。

影响因素变量问卷是从第一次正式问卷调查（N=472）开始，加入整个问卷一起进行调查的，目的是通过调查，获得上述问卷的信度和效度，为探讨影响因素和组织社会化程度之间的关系做准备。

1. 主动个性问卷因素分析结果

采用主成分分析法，对"员工主动个性问卷"进行探索性因素分析，根据特征值大于1确定项目抽取的因素数量。探索性因素分析的结果表明，员工主动个性问卷包含1个维度。根据项目分析，发现其中3个项目的共同度较低，均在.40以下，故予以删除。研究者经过分析发现，所删除的3个项目比较明显地反映了西方人思维直来直去的方式，不适合中国人的思维方式。删除后因素分析结果见表5.1所示。从表中可以看出，解释变异量为59.697%，内部一致性系数为0.658，尽管信度系数有些低，但是考虑到该问卷是个性测量问卷，此信度系数还是可以接受的。

表 5.1　　　员工主动个性问卷探索性因素分析结果　（N=472）

问卷项目	因素负荷
P9 我擅长发现机会	0.792
P10 我常常思考用更好的方法来完成任务	0.779
P11 如果我有好想法，没有什么能阻碍我去实现它	0.747
解释变异量（%）	56.697
Cronbach α 系数	0.658

2. 内外控个性问卷因素分析结果

采用项目分析和鉴别度分析方法，对"员工内外控个性问卷"的项目进行了初步分析，然后采用探索性因素分析的方法对删除项目后的问卷进行分析。数据分析表明，该问卷的 $KMO=0.755$，$Bartlett\ \chi^2=737.190$，$p<0.000$，达到了非常显著的水平，表明该问卷适合进行因素分析。

在探索性因素分析中，采用主成分分析法，以特征值大于等于1为标准抽取因素并结合碎石图，来确定项目问卷抽取因素的有效数目。经过探索性因素分析，最终得到1个有效因素，方差累积解释率为56.784%，内部一致性系数为0.742，最终得到员工内外控个性问卷为4个项目，各个项目的因素负荷均在0.650以上。具体各个项目的因素负荷见表5.2所示。

表 5.2　员工内外控个性问卷探索性因素分析结果（N=472）

问卷项目	因素负荷
P3 在竞争环境下，会妨碍我的卓越表现	0.826
P4 我觉得通常人们会有成就，只是因为侥幸	0.794
P2 我通常不设定目标，因为太花费时间	0.730
P5 在做超过我能力以外的事情，我觉得成功机会不大	0.651
解释变异量（%）	56.784
Cronbach α 系数	0.742

3. 集体/个体组织社会化策略问卷因素分析结果

采用项目分析和鉴别度分析方法，对组织社会化策略中的"集体/个体社会化策略问卷"的项目进行初步分析，然后采用探索性因素分析的方法对删除项目后的问卷进行分析。数据分析表明，该问卷的 KMO=0.731，Bartlett $\chi^2 =475.492$，$p<0.000$，达到了非常显著的水平，表明该问卷适合进行因素分析。

在探索性因素分析中，采用主成分分析法，以特征值大于等于 1 为标准抽取因素并结合碎石图，来确定项目问卷抽取因素的有效数目。经过探索性因素分析，最终得到 1 个有效因素，方差累积解释率为 63.360%，内部一致性系数为 0.706，最终得到集体/个别组织社会化策略问卷的项目为 3 个，各个项目的因素负荷均在 0.730 以上。具体各个项目的因素负荷见表 5.3 所示。

表 5.3　集体/个别社会化策略问卷探索性因素分析结果（N=472）

问卷项目	因素负荷
P39 单位给员工提供标准化的培训程序	0.840
P41 单位员工心中具有"同舟共济共患难"的观念	0.810
P40 我的职前培训大部分是与其他新进员工一起进行的	0.734
解释变异量（%）	63.360
Cronbach α 系数	0.706

4. 固定/变动组织社会化策略问卷因素分析结果

采用项目分析和鉴别度分析方法，对"固定/变动组织社会化策略问卷"的项目进行初步分析，然后采用探索性因素分析的方法对删除项目后的问卷进行分析。数据分析表明，该问卷的 KMO=0.761，Bartlett $\chi^2 =557.412$， p<0.000，达到了非常显著的水平，表明该问卷适合进行因素分析。

表 5.4　固定/变动社会化策略问卷探索性因素分析结果（N=472）

问卷项目	因素负荷
P46 我清楚知道单位在什么时候会有新的工作分派或培训	0.883
P44 我了解单位在不同阶段所安排的培训课程	0.824
P45 在单位，员工的发展与升迁有固定的时间表	0.800
解释变异量（%）	69.972
Cronbach α 系数	0.784

在探索性因素分析中，采用主成分分析法，以特征值大于等于1为标准抽取因素并结合碎石图，来确定问卷项目抽取因素的有效数目。经过探索性因素分析，最终得到1个有效因素，方差累积解释率为69.972%，内部一致性系数为0.784，最终得到固定/变动组织社会化策略问卷的项目为3个，各个项目的因素负荷均在0.800以上。具体各个项目的因素负荷见表5.4所示。

5. 伴随/分离组织社会化策略问卷因素分析结果

采用项目分析和鉴别度分析方法，对"伴随/分离组织社会化策略问卷"的项目进行初步分析，然后采用探索性因素分析的方法对删除项目后的问卷进行分析。数据分析表明，该问卷的KMO=0.793，Bartlett χ^2=469.451，p<0.000，达到了非常显著的水平，表明该问卷适合进行因素分析。

在探索性因素分析中，采用主成分分析法，以特征值大于等于1为标准抽取因素并结合碎石图，来确定项目问卷抽取因素的有效数目。经过探索性因素分析，最终得到1个有效因素，方差累积解释率为62.007%，内部一致性系数为0.690，最终得到伴随/固定组织社会化策略问卷的项目为3个，各个项目的因素负荷均在0.770以上。具体各个项目的因素负荷见表5.5所示。

表 5.5　伴随/分离社会化策略问卷探索性因素分析结果（N=472）

问卷项目	因素负荷
P50 从有经验的员工身上，可获得一些有关如何做好工作的指引	0.814
P52 根据单位任务分派，可以了解我在单位扮演的角色	0.778
P49 从较资深同事那里，可以了解到我在单位扮演的角色	0.770
解释变异量（%）	62.007
Cronbach α 系数	0.690

6. 小结

影响因素变量共有 5 个，为了防止各变量之间的项目有交叉负荷，从而造成虚假相关，研究者对上述 5 个影响因素变量进行了因素提取，结果见表 5.6 所示。从表中可以看出，影响变量的因素提取是 5 个清晰的结构。这说明 5 个影响因素变量所要测量的内容是明确的。从整个影响因素变量因素分析结果可知，上述影响因素变量的问卷题目表达清晰，所含因素对总体方差解释率在 56.697%—69.972%，内部一致性系数在 0.658—0.784 之间，测量结果比较稳定，可靠。具有较好的信度和效度。

表 5.6　　　　　影响因素变量因素负荷矩阵（N = 472）

问卷项目	内外控个性	固定/变动	集体/个别	主动个性	伴随/分离
P3	0.823				
P4	0.781				
P2	0.755				
P5	0.636				
P46		0.835			
P45		0.783			
P44		0.710			
P41			0.739		
P39			0.717		
P40			0.709		
P9				0.755	
P10				0.734	
P11				0.694	
P52					0.800
P50					0.670
P49					0.614
解释变异量（%）	26.313	15.204	10.161	6.546	5.546
Cronbach α 系数	0.780				

（二）研究变量的描述性统计

表 5.7 是各个研究变量的平均数、标准差和相关系数矩阵，从表 5.7 中可以发现，在个体因素方面，主动个性与组织文化、工作胜任、人际关系和组织政治等维度间均存在显著正相关，初步验证了所提出的研究假设 1。在组织因素方面，集体/个别社会化策略与组织文化、工作胜任、人际关系三者均存在正相关，而与组织政治存在负相关；伴随/分离社会化策略与组织社会化 4 个维度均存在正相关；而固定/分离社会化策略与工作胜任相关不显著，和其他 3 个维度均存在显著正相关，因而初步验证了研究假设 2。

为了进一步分析影响因素与组织社会化程度的关系，下面我们运用了典型相关分析的方法来进行探讨。

表 5.7　各研究变量的平均数、标准差和相关系数矩阵（N=382）

变量	M	SD	1	2	3	4	5	6	7	8
1 内外控	16.136	3.561								
2 主动个性	12.933	2.071	0.084							
3 集体 1 个别	11.818	3.136	-0.039	0.311**						
4 固定 1 分离	9.720	2.916	-0.203**	0.238**	0.496**					
5 伴随 1 分离	13.395	3.377	-0.023	0.245**	0.212**	0.205**				
6 组织文化	17.876	3.030	0.049	0.368**	0.255**	0.237**	0.128**			
7 工作胜任	20.397	2.326	0.088	0.318**	0.165**	0.48	0.126*	0.425**		
8 人际关系	19.451	2.269	0.091	0.390**	0.354**	0.187**	0.164**	0.403**	0.367**	
9 组织政治	16.808	3.102	-0.122*	0.257**	-0.141**	0.247**	0.118**	0.506**	0.306**	0.267

注：* 表示 $p<0.05$，** 表示 $p<0.01$。

（三）员工组织社会化的影响因素探讨

1. 典型相关系数及典型相关显著性检验

典型相关分析是将每组变量作为整体看待，寻找其相应的典型变量。如将影响因素（个体因素和组织因素）经线性组合成典型变量 U_i，将组织社会化 4 个变量组合成典型变量 V_i。

$$U_i = a_1 x_1 + a_2 x_2 + a_3 x_3 + a_4 x_4 + a_5 x_5$$

$$V_i = b_1 y_1 + b_2 y_2 + b_3 y_3 + b_4 y_4$$

当 $i=1$ 时，U_i，V_i 为第一对典型变量，它们之间的相关系数为第一典型相关系数。在本研究中，由于自变量有 5 个，因变量有 4 个，因此，典型相关系数最多有 4 个。具体典型相关系数及典型相关系数显著性检验结果见表 5.8 所示。

从表中可以看出，4 个典型相关系数中第一对和第二对相关系数在 0.05 水平上达到显著。第一对典型变量的相关系数为 0.526，第二对典型变量的相关系数为 0.261。从影响因素与组织社会化程度的典型相关显著性检验结果看，有两对典型变量的似然比分布的渐近 F 统计量达到了显著，其中第一对典型变量的 Wilks 值为 0.662，第二对典型变量的 Wilks 值为 0.915。因此，从整体上看，四组指标所对应的典型变量中前两组存在显著相关。其中，又以第一对典型变量相关系数值为最大且 Wilks 值最小，这表明在第一对典型变量中，组织社会化程度和影响因素间的相关度最高且差异最大。此外，由于典型相关系数的实际意义并不十分明确，人们常用典型相关系数的平方表示一对典型变量间的共享方差（share variate），用 2 个典型变量各自方差中的比例进行辅助判断。从表 5.8 中可以看出，第一对典型变量的相关系数为 0.526，典型相关系数平方为 0.277，说明第一对典型函数间的共享方差为 27.7%。依此类推，第二对典型函数间的共享方差为 6.8%。比较而言，第一对典型变量的共享方差远高于第二对典型变量的共享方差，因此，对第一典型变量进行深入分析具有真正的价值和意义。

表 5.8　　　　组织社会化与其影响因素典型相关系数检验结果

	典型相关系数	典型相关系数平方	Wilks Λ 值	Chi－SQ 卡方值	DF 自由度	Sig F 值
第一对典型变量	0.526	0.277	0.662	136.370***	20.000	0.000
第二对典型变量	0.261	0.068	0.915	29.304***	12.000	0.004
第三对典型变量	0.100	0.010	0.982	5.964	6.000	0.427
第四对典型变量	0.089	0.001	0.992	2.647	2.000	0.266

注：* 表示 $p<0.05$，** 表示 $p<0.01$，*** 表示 $p<0.001$。

2. 典型相关模型与结构分析

（1）典型相关模型

由于原始变量的测量单位不同，没有相同的量纲，所以不能直接比较其典型系数的大小。只有通过将所有变量都标准化后所形成的标准化典型系数，才能比较它们的大小。标准化典型系数相当于传统回归分析中的偏回归系数，表示原始观测变量对相对应的典型变量的直接影响程度。表 5.9 列出了标准化典型系数。

根据表 5.9 所提供的标准化典型系数，可以得出下列典型相关模型：
$$U_1 = 0.097X_1 + 0.732X_2 + 0.376X_3 + 0.116X_4 + 0.073X_5$$
$$V_1 = 0.382Y_1 + 0.184Y_2 + 0.639Y_3 + 0.081Y_4$$

从上述典型相关模型中可以看出，根据标准化典型系数的大小，5 个影响因素在自变量组中发挥作用程度的强弱排序分别为：（1）员工主动个性，典型系数为 0.732；（2）集体/个体组织社会化策略，典型系数为 0.376；（3）固定/变动组织社会化策略典型系数为 0.116；（4）员工内外控个性，典型系数为 0.097；（5）伴随/分离组织社会化策略，典型系数为 0.073。这表明，主动个性和集体/个体组织社会化策略的影响程度大于内外控个性、固定/变动组织社会化策略和伴随/分离组织社会化策略。4 个组织社会化程度变量在因变量组中所发挥的作用程度强弱分别为：（1）人际关系社会化，典型系数为 0.639；（2）组织文化社会化，典型系数为 0.382；（3）工作胜任社会化，典型系数为 0.184；（4）组织政治社会化，典型系数为 0.081。表明人际关系社会化和组织文化社会化的影响力大于工作胜任社会化和组织政治社会化。

表 5.9　　组织社会化程度和影响因素的标准化典型系数

	标准化典型系数	
	U_1	V_1
主动个性（X2）	0.732	
集体/个体策略（X3）	0.376	
固定/变动策略（X4）	0.116	
内外控个性（X1）	0.097	
伴随/分离策略（X5）	0.073	
人际关系（Y3）		0.639
组织文化（Y1）		0.382
工作胜任（Y2）		0.184
组织政治（Y4）		0.081

综上所述，反映影响因素指标的第一典型变量 U_1 主要是由 X2（主动个性）和 X3（集体/个体策略）所决定；反映组织社会化程度指标的第一典型变量 V1 主要由 Y3（人际关系社会化）和 Y1（组织文化社会化）决定。所

以，有关影响因素和组织社会化内容间的相关主要表现在员工主动个性和组织集体/个体组织社会化策略与人际关系社会化、组织文化社会化之间的相关。故员工主动个性越强、组织越实施集体/个体社会化策略，员工在人际关系和组织文化两个方面社会化程度就越好。

(2) 典型相关的结构分析

典型相关的结构分析即分析原始变量和典型变量之间的相关程度。由于前面的检验表明，对第一典型变量进行深入分析具有真正的价值和意义。因此，此处只考虑第一对典型变量。主要根据自变量和因变量的典型负荷量以及典型交叉负荷量的大小进行的。其中，典型负荷表示原始变量组中的每个变量与对应的典型变量之间的简单线性相关。对典型相关负荷的解释类似于因素负荷的解释，表明其影响程度。典型交叉负荷则表示原始变量组中的每个变量与另一组的典型变量之间的线性相关，对典型交叉负荷的解释类似于典型负荷。表 5.10 和表 5.11 分别列出了影响因素和员工组织社会化内容学习程度的典型负荷、典型交叉负荷的统计结果。

表 5.10　　　　　影响因素和组织社会化的典型负荷结果

	典型变量	
	U_1	V_1
主动个性（X2）	0.898	
集体/个体策略（X3）	0.661	
固定/变动策略（X4）	0.483	
伴随/分离策略（X5）	0.375	
内外控个性（X1）	0.113	
人际关系（Y3）		0.878
组织文化（Y1）		0.753
工作胜任（Y2）		0.607
组织政治（Y4）		0.489

由表 5.10 中可以看出，在影响因素中，员工主动个性因素的负荷量最大，其次是集体/个体组织社会化策略。这表明，在典型变量 U_1 所提取的相关信息中，主动个性的贡献最大。其次是集体/个体组织社会化策略、固定/变动组织社会化策略、伴随/分离组织社会化策略和员工内外控个性。在组织社会化因素中，人际关系社会化典型负荷量最大。这表明，在一个组织中的

适应人际关系是重要的，其次是组织文化社会化、工作胜任社会化和组织政治社会化。

从表 5.11 中的结果可以看出，在影响组织社会化的因素中，员工主动个性因素的典型交叉负荷量最大，这表明员工在组织社会化过程中扮演着主动的角色。其次是集体/个体社会化策略、固定/变动社会化策略、伴随/分离社会化策略和员工内外控个性。在组织社会化因素中，人际关系社会化典型交叉负荷量最大，其次是组织文化社会化、工作胜任社会化和组织政治社会化。

以上对影响因素和组织社会化因素的典型负荷量、典型交叉负荷量的分析表明，反映影响因素指标的第一典型变量 U_1 主要是由 X2（主动个性）和 X3（集体/个体策略）所决定；反映组织社会化程度指标的第一典型变量 V_1 主要由 Y3（人际关系社会化）、Y1（组织文化社会化）和 Y2（工作胜任社会化）决定，其典型相关系数呈现正相关，即员工主动个性越强、组织实施集体/个体社会化策略越好，员工在人际关系、组织文化和工作胜任等方面社会化程度越好。

表 5.11　　　　影响因素和组织社会化的典型交叉负荷结果

	典型变量	
	U_1	V_1
主动个性（X2）		0.473
集体/个体策略（X3）		0.348
固定/变动策略（X4）		0.254
伴随/分离策略（X5）		0.197
内外控个性（X1）		0.059
人际关系（Y3）	0.462	
组织文化（Y1）	0.396	
工作胜任（Y2）	0.320	
组织政治（Y4）	0.257	

根据上述影响因素和组织社会化因素的典型负荷量、典型交叉负荷量以及典型相关系数，第一对典型变量典型结构图汇总结果如图 5.1 所示。

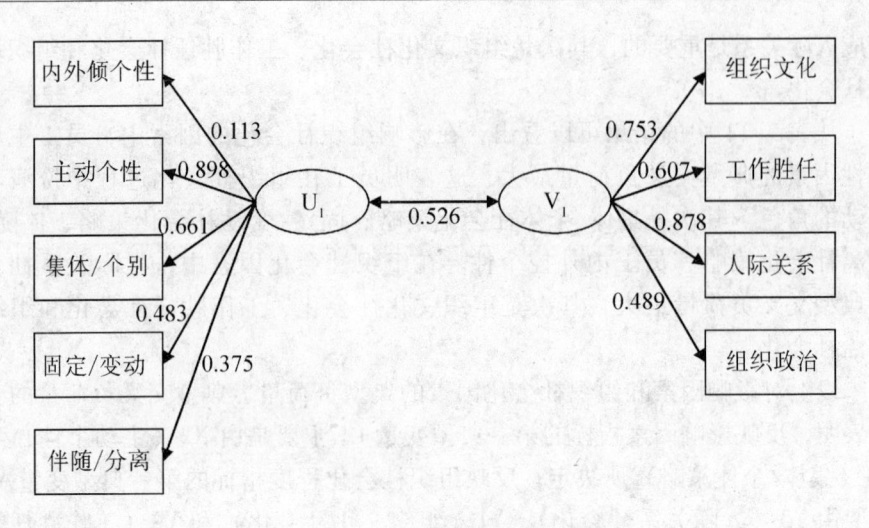

图 5.1　第一对典型变量典型结构图

3. 典型冗余分析

典型相关系数的平方表示两组典型变量间共享的共同变异的百分比，可以进一步分解为各自的解释能力。将解释能力（即抽取变异数的百分比）乘以典型相关系数的平方就得到典型冗余指数（redundancy index），用来表示一组原始变量（如因变量组）的方差能被另一组原始变量（如自变量组）所解释的部分。影响因素和组织社会化内容的学习被典型变量解释的变异量见表5.12 所示。

表 5.12　影响因素和组织社会化被典型变量解释的变异量

典型变量	抽取变异数百分比 (1)	典型相关系数的平方 (2)	典型冗余指数% (3) = (1) × (2)
U_1	0.326	0.277	0.090
U_2	0.176	0.068	0.012
V_1	0.486	0.277	0.135
V_2	0.209	0.068	0.014

由表 5.12 中数据可知：

(1) 从抽取变异数百分比来看，影响因素被两个典型变量（U_1，U_2）解释的百分比分别为 32.6%、17.6%，其中，被第一典型变量解释的百分比最高（32.6%），这说明，影响因素对员工组织社会化内容的学习影响主要表现在第一对典型变量上。

组织社会化内容的学习被两个典型变量（V_1，V_2）解释的百分比分别为

48.6%、20.9%，其中，被第一典型变量解释的百分比最高（48.6%），这说明，组织社会化内容的学习对影响因素的影响作用也主要表现在第一对典型变量上。

（2）从典型冗余指数看，影响因素变量通过前两个典型变量（V_1，V_2），可以有效地解释组织社会化内容总变异量的百分比分别为 13.5%、1.4%；其中通过第一个典型变量（V_1）可以有效解释组织社会化因素的总变异量百分比最高，这表明影响因素通过第一典型变量（U_1，V_1）可以解释最大量的组织社会化总变异量。因而，影响因素通过第一对典型变量（U_1，V_1）可以解释员工组织社会化内容学习的 13.5%。

（3）从典型冗余指数之和来看，影响因素和组织社会化因素在第一和第 2 个典型变量（V_1，V_2）的典型冗余指数共计 14.9%。换言之，影响因素的 5 个变量通过第一典型因素（U_1，V_1）和第二典型因素（U_2，V_2）共可以说明组织社会化内容的 4 个变量总变异量的 14.9%，而这 2 个典型变量可以直接解释组织社会化内容变量的 34.5%。

（4）上述两组典型变量以及冗余指数表明，第一组典型相关较大。因此，研究结果表明，影响因素主要通过第一对典型因素（U_1，V_1）影响员工组织社会化内容的学习。在影响因素中，与第一个典型因素（U_1）相关较高者为主动个性（X2）和集体/个体社会化策略（X3）；在组织社会化内容中，与第 1 个典型因素（V_1）相关较高者为人际关系社会化（Y3）、组织文化社会化（Y1）和工作胜任社会化（Y2）。因而，在第一对典型因素分析中，员工主动个性越强、组织实施集体/个体社会化策略越好，员工在人际关系、组织文化和工作胜任等方面社会化程度就越好。本研究所提出的假设得到部分验证。

五 小结

典型相关分析是一种揭示两组变量间整体相关的统计方法，通过典型相关分析，研究者可以从观察变量中寻找典型变量，以最大限度地反映变异的原因，从而对统计结果做出合理的解释。本研究典型相关分析结果表明：

（1）在 4 对典型相关系数中，第一对和第二对典型相关系数在 0.05 以上水平达到显著水平，其中以第一典型相关系数值最大，$\rho = 0.526$。表明影响因素和组织社会化内容的学习程度间有较密切的相关，在第一典型变量中，二者间的相关最高。

（2）影响因素和组织社会化内容的学习两组典型变量抽取的变异数百分比以及典型冗余指数均以第一组的数值较大，第二组的数值较小，说明影因素对组织社会化内容的学习的影响主要表现在第一对典型变量上。

（3）通过比较影响因素和组织社会化内容的学习的标准化典型系数、典型负荷和典型交叉负荷，结果表明，反映影响因素的第一典型变量主要表现在主动个性和集体/个别社会化策略；反映组织社会化内容学习指标的第一典型变量主要表现在组织人际关系、组织文化和工作胜任等内容上。因此，影响因素和组织社会化内容间的相关主要是主动个性、集体/个别社会化策略与组织人际关系、组织文化和工作胜任间的相关。

（4）通过比较两组典型冗余指数之和，结果表明，不同影响因素对组织社会化内容的学习的影响作用大于组织社会化内容的学习对影响因素的作用。也就是说，员工越主动、组织越实施集体/个别社会化策略，则员工人际关系社会化、组织文化社会化和工作胜任社会化等程度就越好。

第六章 员工组织社会化内容对其行为绩效影响的研究

一 研究目的

国外组织行为学研究表明，员工组织社会化程度的高低对员工的心理、态度和行为等变量均产生不同程度的影响，如提高员工组织承诺、工作绩效和工作满意度，降低员工离职率等（Chatman，1991；Bauer 和 Green，1994；Chao 等，1994；Adins，1995；Holton，1996；Mitus，2006）。事实上，员工组织社会化程度对员工心理和行为等的影响是多方面的，这不是几项研究所能够完成的。本研究的一项重要内容就是探讨在中国文化背景下组织社会化程度对我国企业员工在心理、行为等变量上究竟有什么样的影响。由于各种客观条件的限制，本研究主要从以下4个影响效果变量进行探讨，这4个影响效果变量分别为：工作绩效、工作满意度、组织认同和离职意愿。其中，工作绩效、工作满意度和离职意愿是有关组织社会化研究中经常采用的后果变量，本研究增加了组织社会化程度对员工组织公民行为（组织认同）的影响研究。

二 研究的相关理论和研究假设

在组织社会化内容对员工心理和行为等后果变量的影响研究中，多数的后果变量集中在员工的工作绩效、对组织的承诺、工作满意、离职意愿等。

麦柯加尔（McGarrell，1983）针对组织如何通过培训，提升新进人员的生产力的研究表明，如果组织将培训的重心放在员工进入组织后的社会化过程，那么，新进员工不仅工作绩效提升很多，就连困扰组织管理者长久的新进员工离职率问题也能够获得较大改善。

乔等（Chao 等，1994）研究发现，组织社会化内容对员工的工作绩效、组织调适、工作满意、职业生涯投入、组织承诺均有显著的正向影响。其中，组织目标与价值观的社会化对员工工作投入、工作满足以及工作调适有显著正向影响，组织政治的社会化对员工工作绩效有显著正向影响，组织历史的社会化对员工工作满足有显著正向影响，工作掌握和语言的社会化对员工组织认同有显著的正向影响，但组织人际关系社会化则对上述5个因变量均无显著的影响。在组织社会化程度对员工行为绩效的研究方面，贝克和费尔德曼（Baker 和 Feldman，1991）也指出，有效的组织社会化对组织和个体均可以产生正面的效果，例如在工作态度方面，包括工作满意度、内在工作动机和工作参与性等；在行为表现方面，包括离职率、创新意识、合作意识、愿意承担工作以外的职责或任务等。因此，本研究提出以下研究假设：

假设1：员工组织社会化程度对员工工作绩效、组织认同、工作满意有显著正向影响；

假设2：员工组织社会化程度对员工离职意愿有显著负向影响。

本研究拟证实的模型见图6.1所示。

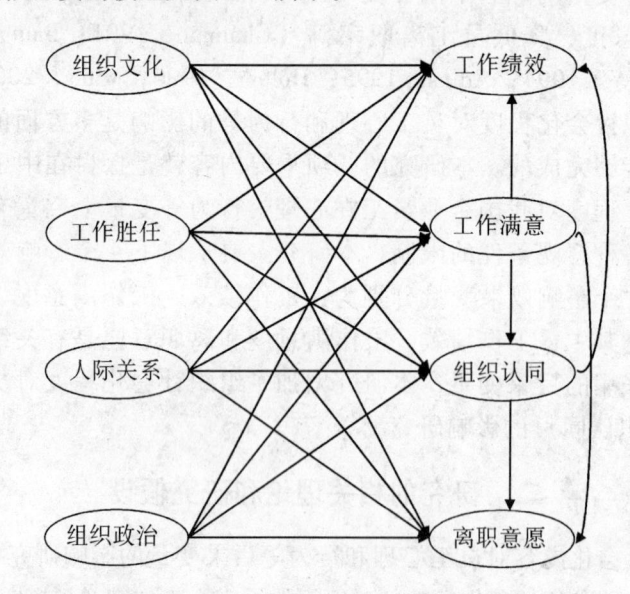

图6.1　组织社会化对员工行为绩效影响的拟验证模型图

三　研究方法和程序

（一）研究工具

1. 组织社会化内容问卷

采用第四章研究所探索和验证的包括4个维度16个项目的组织社会化内容问卷。

2. 工作绩效问卷

本研究采用国外古尔德（Gould，1979）和佩兹（Pazy，1988）曾使用过的自评问卷，分别评价员工在组织评价中、上司评价中、与他人比较中的地位以及所获得的成就水平，由"和同事相比，我的工作成绩比较优秀"等4个项目构成。

3. 员工满意度问卷

工作满意度是用来测量员工对组织的整体满意程度。按组织行为学中的惯行做法，分别对工作、报酬、同事、领导、晋升的满意感等5个方面来进行测量。本研究采用拉伍德（Larwood等，1998）的问卷，由"我对我的工作岗位感到比较满意"等5个项目构成。

4. 组织认同问卷

组织认同是用来描述员工为保护组织荣誉、改善组织的运作情况而提出建议的意愿（Farh等，1997）。本研究采用樊景立编制的《中国组织公民行为量表》（Chinese organizational citizenship scale）。该量表通过20道题从5个维度描述了中国社会背景下的组织公民行为。这5个维度分别是：组织认同、同事间的利他行为、个人主动性、人际协调和保护公司资源。本研究选用"组织认同"一个维度来衡量员工的组织公民行为，由"我愿意站出来维护单位的名誉"等4个项目构成。

5. 离职意愿问卷

本研究选用克罗潘赞诺等（Cropanzano等，1993、1997、1999）编制的离职意向问卷。该问卷为1个因素，由"我打算在不久的将来到别的单位工作"、"我没有放弃现有工作的意图（R）"、"如有可能再做选择，我不会选择现在的这个工作单位"等3个比较受到公认的项目构成。

上述所采用的问卷，均采用李克特6点量表进行评价，由"1—完全不同意"到"6—完全同意"，分别为"完全不同意"、"不同意"、"不太同意"、"有些同意"、"比较同意"、"完全同意"。同时，在研究过程中，研究者对4个效果变量，如工作绩效、工作满意度、组织认同和离职意愿均采用了标准的翻译和回译程序（translation and back translation）来确保量表的中文版与英文版意义相同，以确保问卷翻译的准确性，并使问卷项目的中文表达较符合我国企业实际。

（二）被试

对效果问卷质量分析被试来源为第一次正式施测的472份有效问卷，对组织社会化和效果变量关系的研究被试来源为第二次正式施测的382份有效问卷，被试具体情况见第四章表4.1和表4.5所示。

（三）统计分析方法

本研究采用探索性因素分析、验证性因素分析和结构方程潜变量路径分析等统计分析方法，使用的统计软件为Spss13.0和Lisrel8.50。

研究者采用潜变量路径分析方法对组织社会化程度和后果变量的关系进行探讨。潜变量路径分析是带有潜在变量的结构方程模型的路径分析。与验证性因素分析不同的是，验证性因素分析只涉及X变量（即ξ因子，外衍潜变量），潜变量路径分析不但涉及X因子，还用到Y因子（即η因子，内生潜变量）；ξ因子之间只允许它们之间相关（用弧形双箭头连线表示），不允许有因果关系，η因子之间允许有因果关系（用单箭头表示），因而η因子及其指标比ξ因子及其指标能描述更多类型的关系。也就是说潜变量路径分析包括了测量模型和结构模型，测量模型所对应的是因素分析的概念，而结构模型所对应的是路径分析的概念。因此，对员工组织社会化程度与行为绩效之间的关系，研究者选用潜变量路径分析技术来进行探讨。

四 研究结果

（一）效果变量问卷的质量分析

由于我国人力资源管理研究工作开展相对比较晚，许多基本的研究工具如组织公民行为等有的正在修订，有的还没有修订和标准化，即使有一些修订了的问卷，由于公开程度不高，或有的问卷项目过长，也难以使用。而在一个研究中又不可能将所有的研究工具予以重新研制或修订。因此，在本研究中，除了员工组织社会化问卷是研究者研制外，其他效果变量问卷主要是借用国外常用或影响比较大的问卷。这些效果变量问卷主要是翻译国外的问卷或按照国外学者的研究思路编制的，其问卷的效度如何，尚需以中国被试样本进行检验。因此，本研究对这些效果变量的信度和效度进行检验，以保证推论的可靠性。

效果变量问卷是从第一次正式问卷调查（$N=472$）开始，加入整个问卷一起进行调查的，目的是通过调查，获得上述问卷的信息和效度，为探讨变量之间的关系做准备。

1. 工作绩效问卷因素分析结果

采用主成分分析法，对"员工工作绩效问卷"进行探索性因素分析，根据特征值大于1和碎石图确定项目抽取的因素数量。探索性因素分析的结果表明，"员工工作绩效问卷"包含一个维度，可以解释变异量的71.098%，内部一致性系数为0.863，各个项目的因素负荷见表6.1所示。

表6.1　　员工工作绩效问卷探索性因素分析结果（N=472）

问卷项目	因素负荷
P14 同事对我的工作成绩评价较高	0.857
P13 我的领导对我的工作成绩比较满意	0.853
P15 我的工作成绩经常受到单位的表扬	0.834
P12 和同事相比，我的工作成绩比较优秀	0.828
解释变异量（%）	71.098
Cronbach α 系数	0.863

2. 工作满意度问卷因素分析结果

采用主成分分析法，对"员工工作满意度"问卷进行探索性因素分析，根据特征值大于1和碎石图确定项目抽取的因素数量。探索性因素分析的结果表明，员工工作满意度问卷包含一个维度，可以解释变异量的63.480%，内部一致性系数为0.856，各个项目的因素负荷见表6.2所示。

表6.2　　员工工作满意度问卷探索性因素分析结果（N=472）

问卷项目	因素负荷
P20 对单位中的晋升情况感到非常满意	0.837
P17 对我的工作报酬感到非常满意	0.832
P19 对单位领导感到非常满意	0.831
P16 对工作岗位感到非常满意	0.793
P18 对单位同事感到非常满意	0.679
解释变异量（%）	63.481
Cronbach α 系数	0.856

3. 组织认同问卷因素分析结果

采用主成分分析法，对"员工组织认同问卷"进行探索性因素分析，根据特征值大于1和碎石图确定项目抽取的因素数量。探索性因素分析的结果表明，员工组织认同问卷包括一个维度，可以解释变异量的71.045%，内部一致性系数为0.863，各个项目的因素负荷见表6.3所示。

表6.3　　员工组织认同问卷探索性因素分析结果（N=472）

问卷项目	因素负荷
P23 告诉别人单位的好消息和澄清他们对单位的误会	0.869
P22 愿意站出来维护单位的名誉	0.857
P24 愿意提出改善单位运作情况的积极建议	0.847
P25 能积极参加单位的会议	0.797
解释变异量（%）	71.045
Cronbach α 系数	0.863

4. 离职意愿问卷因素分析结果

采用主成分分析法，对"员工离职意愿问卷"进行探索性因素分析，根据特征值大于1和碎石图确定项目抽取的因素数量。探索性因素分析的结果表明，员工离职意愿问卷包括一个维度，可以解释变异量的60.506%，内部一致性系数为0.673，各个项目的因素负荷见表6.4所示。

表6.4　　员工离职意愿问卷探索性因素分析结果（N=472）

问卷项目	因素负荷
P32 打算不久的将来到别的单位去工作	0.836
P34 如果有可能再选择，决不选择现在这个工作单位	0.774
P24 没有放弃现有工作的意图	0.719
解释变异量（%）	60.506
Cronbach α 系数	0.673

5. 小结

为了防止上述4个效果变量间的项目出现交叉负荷现象，从而造成虚假相关，我们对4个效果变量进行了因素提取，结果见表6.5所示。从表中可以看出，效果变量的因素提取有4个清晰的结构，因素负荷在0.40水平上没有交叉负荷，说明每个因素所要测量的内容明确。从整个效果变量因素分析结果可知，上述效果变量每份问卷题目表达清晰，所含因素对总体方差解释率在60.506%—71.098%，内部一致性系数在0.673—0.863之间，测量结果比较稳定、可靠，具有较好的信度和效度。

表 6.5　　　　　　　　效果变量因素分析结果（N = 472）

	因素负荷			
	工作满意	组织认同	工作绩效	离职意愿
p20	0.807			
p17	0.784			
P16	0.770			
P19	0.724			
P18	0.637			
P24		0.835		
P23		0.822		
P22		0.807		
P25		0.746		
P14			0.860	
P12			0.832	
P13			0.808	
P15			0.747	
P32				0.881
P34				0.664
P33				0.664
解释变异量（%）	34.082	14.936	10.467	7.492
Cronbach α 系数	0.839			

（二）研究变量的描述性统计

表 6.6 是各个研究变量的平均数、标准差和相关系数矩阵。从表中可以发现，组织文化、工作胜任、人际关系和组织政治四个维度与员工工作绩效、工作满意度、组织认同三个效果变量之间均呈显著正相关，除了组织政治维度外，组织文化、工作胜任和人际关系三个维度与员工离职意愿均呈显著负相关。从而初步验证了研究所提出的假设 1 和假设 2。然而相关研究只能初步探讨变量之间相关的方向，还不足以为本研究假设提供充分证据。在本研究中，接下来我们按照结构方程模型建模规则，采用结构方程潜变量路径分析方法对研究模型进行检验。

表6.6　　各研究变量的平均数、标准差和相关系数矩阵（N=382）

变量	M	SD	1	2	3	4	5	6	7
1 组织文化	17.876	3.030							
2 工作胜任	20.397	2.326	0.425**						
3 人际关系	19.454	2.269	0.403**	0.367**					
4 组织政治	16.808	3.102	0.506**	0.306**	0.267**				
5 工作绩效	16.729	3.061	0.301**	0.357**	0.388**	0.230**			
6 工作满度	19.313	4.580	0.227**	0.179**	0.334**	0.195**	0.291**		
7 组织认同	18.846	3.601	0.375**	0.229**	0.419**	0.183**	0.261**	0.455**	
8 离职意愿	8.743	3.019	−0.150**	−0.186**	−0.224**	−0.048	−0.077	−0.403**	−0.441**

注：＊＊＊表示 $p<0.001$，＊＊表示 $p<0.01$，＊表示 $p<0.05$。

（三）员工组织社会化对效果变量的影响

潜变量路径分析一般要求潜变量至少要有2个或3个观察变量。在本研究中所涉及的潜变量除员工组织社会化以外，都只有一个维度构成（参见效果变量的质量分析）。这样，在本研究结构方程模型中，所有问卷项目的数量共计32个。考虑到第二次正式问卷调查的有效问卷数量不是很大，尤其是剔除缺失值后的有效被试数量只有341份。因此，按照通常的做法，我们以测量这些潜变量的问卷项目直接作为其观察变量或组合成观察变量。Anderson 和 Gerbing (1988) 认为，可以采用随机合并量表项目的方法来得到潜变量的观察变量。根据这个观点，我们将组织文化社会化维度中4个项目两两合并，形成新的观察变量1和观察变量2；工作胜任社会化维度有4个项目，将这4个项目随机两两合并形成新的观察变量1和观察变量2；人际关系社会化维度有4个项目，将这4个项目随机两两合并形成新的观测变量1和观察变量2；组织政治社会化维度有4个项目，同样进行了两两项目的随机合并，形成新的观察变量1和观测变量2。对效果变量问卷而言，工作绩效为一个维度4个项目，将这4个项目两两随机合并，形成新的观察变量1和观察变量2；工作满意度问卷为一个维度5个项目，选取其中3个项目组合成观察变量1，剩下的2个项目组成观察变量2；组织认同问卷为一个维度4个项目，同样采取两两项目随机合并的方法形成新的观察变量1和观察变量2；员工离职意愿为一个维度3个项目，没有进行合并将这3个项目作为三个观察变量。Anderson 和 Gerbing (1988) 认为，在潜变量模型分析过程中，如果发现模型拟合不理想，其原因可能有三个：(1) 测量模型拟合程度比较差，也就是说各潜变量的测量存在问题；(2) 结构模型拟合不好，也就是说潜变量之间没有关系或关系很弱；(3) 测量模型和结构模型拟合程度都不好。因此，他们建议对潜变量模型进行检验时，应该分两步进行，首先检验测量模型的拟合程度，然后再对结构模型的拟合情况进行检验。因此，我们首先对本研究的测量模型整体拟合程度进行检验，也就是检验各潜变量的测量是否理想、有效。检验结果见表6.7和表6.8所示。

从表6.7中的各项拟合指标来看，潜变量模型的测量模型拟合得比较理想，可见测量模型是有效的，而且较为理想。从测量模型的拟合情况看，本研究所提出的假设模型适合用潜变量路径分析来探讨组织社会化程度与员工工作绩效、工作满意度、组织认同和离职意愿等效果变量间的关系，也就是可以对本研究的结构模型进行检验。

表6.7 测量模型的拟合程度指标（N=341）

模型	χ^2	df	χ^2/df	RMSEA	CFI	GFI	NNFI	PNFI
测量模型	964.74	437	2.208	0.060	0.870	0.849	0.853	0.695

表6.8 测量模型中的标准化参数估计（N=341）

项目	组织文化	工作胜任	人际关系	组织政治	工作绩效	工作满意	组织认同	离职意愿
组织文化1	0.768							
组织文化2	0.678							
工作胜任1		0.715						
工作胜任2		0.651						
人际关系1			0.675					
人际关系2			0.706					
组织政治1				0.626				
组织政治2				0.766				
工作绩效1					0.797			
工作绩效2					0.923			
工作满意1						0.782		
工作满意2						0.837		
组织认同1							0.883	
组织认同2							0.813	
离职意愿1								0.726
离职意愿2								0.594
离职意愿3								0.672

注：表中数字代表了合并后各个项目在相对应因素上的因素负荷量。

按照结构方程模型建模原则,研究者对研究模型进行了检验,发现数据较好地支持了本研究的假设。表 6.9 中结构模型 1 是结构模型的各项拟合程度指标,其中,结构模型的 χ^2/df 值小于 3,而且绝对拟合指标的值比较好,因此结构模型是理想的,也是确实存在的。

表 6.9　　　　　　　　结构模型的各项拟合程度指标

模型	χ^2	df	χ^2/df	RMSEA	CFI	GFI	NNFI	PNFI
结构模型 1	185.83	92	2.019	0.055	0.947	0.940	0.922	0.613
结构模型 2	207.47	104	2.099	0.054	0.942	0.933	0.924	0.685

注:结构模型 1 是没有删除不显著路径的结构模型拟合指标;结构模型 2 是删除不显著路径后的结构模型拟合指标。

但是我们发现,在结构模型中,存在一些不显著的路径系数,如工作满意对工作绩效的预测($\beta=0.055$,$t=1.167$),组织文化对工作满意的预测($\gamma=0.105$,$t=0.281$)等 12 条路径系数的 T 值均低于 2,因此,我们对结构模型进行了修正,即删除上述不显著的路径。结果发现,删除后的结构模型拟合得也比较理想,尽管模型减少了 12 条路径,但 χ^2 值并没有显著增加($\Delta\chi^2=21.64$,$df=12$ 时,$p<0.01$ 的标准是 26.2),其拟合指标见表 6.9 中的结构模型 2。这些潜变量之间的整体关系见图 6.2 和表 6.10。在图 6.2 中路径系数均为标准化解,从图中可以看出,组织文化社会化对员工的组织认同有正向影响($\gamma=0.577$),工作胜任对工作绩效有正向影响($\gamma=0.249$),人际关系对工作绩效($\gamma=0.391$)和工作满意($\gamma=0.538$)均有正向影响,组织政治对组织认同($\gamma=-0.316$)有负向影响而对离职意愿($\gamma=0.274$)有正向影响。

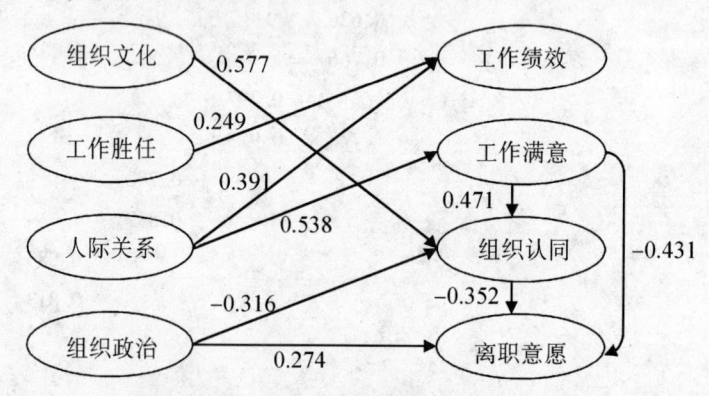

图 6.2　潜变量路径分析图

注:图中各路径系数为标准化解,正负号分别反映影响的性质,大小反映影响强弱。

表 6.10　　潜在变量结构模型各项效果分析说明[a]

自变量	因变量（内衍潜在变量）							
	工作绩效		工作满意		组织认同		离职意愿	
	效果	T	效果	T	效果	T	效果	T
组织文化								
直接效果					0.577	4.671***		
间接效果							-0.203	3.112**
整体效果					0.577	4.671***	-0.203	3.112**
工作胜任								
直接效果	0.249	2.488**						
间接效果								
整体效果	0.249	2.488**						
人际关系								
直接效果	0.391	3.795***	0.538	6.432***				
间接效果					0.253	5.104***	-0.321	-5.162***
整体效果	0.391	3.795***	0.538	6.432***	0.253	5.104***	-0.321	-5.162***
组织政治								
直接效果			-0.316	-2.732**	0.274	3.780***		
间接效果					0.111	2.347*		
整体效果			-0.316	-2.732**	0.385	4.233***		
工作满意								
直接效果					0.471	7.055***	-0.431	-4.782***
间接效果							-0.166	-3.710***
整体效果							-0.597	-7.322***
组织认同								
直接效果							-0.352	-4.077***
间接效果								
整体效果							-0.352	-4.077***

注：T 大于 1.96 时，* 表示 p<0.05；T 大于 2.58 时，** 表示 p<0.01；T 大于 3.29 时，*** 表示 p<0.001。

[a] 本表数据是依据修正后的模型所得到的 T 检验值、完全标准化解计算所得。

五　讨论

通过对组织社会化程度的影响效果探讨可以看出，员工组织社会化程度对工作绩效、工作满意、组织认同和离职意愿等因素具有不同程度的影响，研究假设1和研究假设2得到了部分验证。总体而言，员工组织社会化程度与工作绩效、工作满意度、组织认同和离职意愿之间的关系比较密切。但是，员工组织社会化程度的不同维度对上述效果变量间的影响又有所不同。研究结果与国外相关研究既存在相同的结论，也在一定程度上有所差异。具体分析如下：

（一）组织文化社会化对员工组织认同有显著正向影响

乔等（Chao等，1994）研究发现，组织目标/价值观、组织历史对员工工作满意和组织认同有显著正向影响，本研究部分支持了乔等（Chao等，1994）的研究结论。组织文化对组织认同有显著正向预测效果（完全标准化路径系数$\gamma = 0.577$，$T = 4.671$），对工作满意则没有显著预测效果。其原因我们认为，组织文化是对组织价值观、组织发展历史以及组织发展使命的提炼，它是一种塑造员工行为的控制机制，因而组织文化能够给员工提供一种身份感，进而增加员工对所在组织的认同。此外，研究还显示，组织文化对员工离职意愿没有直接的显著预测效果，而是通过组织认同对员工离职意愿起作用，其完全标准化路径系数$\gamma = -0.203$（见表6.10）。也就是说，组织认同在组织文化和员工离职意愿关系中起完全中介的作用。这表明员工离职与否，组织文化的好坏并不是主要影响因素，员工对组织的真正认同与否才是导致员工离职的动力。

（二）工作胜任社会化对员工工作绩效有显著正向影响

研究结果表明，员工工作技能的胜任程度越高，员工工作绩效水平越好。这是因为工作胜任是指员工通过组织社会化能够学习到与工作相关的技巧、知识及能力。费尔德曼（Feldman，1981）认为，不论组织如何激励员工的内在动机，如果员工没有足够的工作技能，那么员工组织社会化成功的可能性就很小。费舍（Fisher，1986）同样指出，员工学习如何完成被要求的工作任务是组织社会化过程中非常重要的一部分，组织社会化目的之一就是使组织中的员工学习到与工作相关的技巧、知识及能力，进而提升个体和组织工作绩效。但是，员工工作胜任与否并不能判断员工的工作满意度、组织认同和离职意愿，尤其是在我国国有企业中，国有企业不完善的绩效考评机制导致员工混日子的现象比比皆是。在这一方面，本研究结果和乔等（Chao等，1994）的研究结果存在差异。

（三）人际关系社会化对员工工作绩效和工作满意有显著正向影响

研究结果表明，员工人际关系社会化程度越高，他们的工作绩效水平、工作满意程度也越高。

在国外组织行为学中，有关人际关系对工作绩效、工作满意度的影响存在分歧。乔等（Chao 等，1994）研究结果发现，人际关系社会化程度对工作绩效、工作满意度均无显著影响。认为，在员工组织社会化过程中，建立关系是一个相当重要的概念。他们指出，建立良好的人际关系会影响新进员工的工作满足、组织承诺及工作绩效，这是因为良好的人际和组织关系，可以使新进员工更加容易地适应一份新的工作。研究也发现，员工群体社会化和工作满意度之间呈显著正相关（$r = 0.49$）。因此，本研究结果和国外研究存在一致的地方。研究结果再次证明了员工感受的心理环境比物理环境对其行为和心理的影响较大，也表明了人际关系在中国人的组织行为中是至关重要的（Taormina，1999）。此外，本研究还发现，人际关系社会化程度对员工离职意愿没有显著的影响，而工作满意度则显著地影响员工离职意愿，人际关系是通过工作满意度和组织认同的中介效应进而影响到员工的离职意愿（见表6.10），其完全标准化路径系数 $\gamma = -0.321$。

（四）组织政治社会化对员工组织认同有显著负向影响、对离职意愿有显著正向影响

研究结果表明，员工组织政治社会化程度越高，其对组织的认同程度越低，离职意愿程度越高。

员工对组织政治的认知是指员工对工作环境中自利行为发生程度的主观评估，其中包括了个体对这种自利行为的归因。员工对组织中政治认知存在三种潜在反应：从组织中退出、留在组织中但不参与组织政治、留在组织中并参与组织政治中（Ferris 等，2000）。通常而言，员工为了避免卷入组织政治的"旋涡"中而选择从身体上或心理上退出组织是一种常见现象，离职是一种身体上的退出，而组织认同与否则体现在心理上是否退出组织。即使员工留在组织中，但对一个追求政治上钩心斗角的组织氛围，他们心理上也会自然趋避，这种心理状况进而影响到对工作的参与性和对组织的认同感（Cropanzano 等，1997；Randall 等，1999）。本研究和国外研究存在相似的结论。

此外，根据结构方程模型图6.2，我们可以看出，组织政治社会化对员工离职既存在直接效果（完全标准化路径系数 $\gamma = 0.274$，$T = 3.780$），也可以通过员工对组织的认同间接影响员工离职程度（完全标准化路径系数 $\gamma = 0.385$，$T = 4.233$）。这一方面证实了员工自愿离职是组织社会化失败的直接后果（Hvinden，1984；Campion 等，1986；Ashforth 和 Saks，1996），另一方面，从组织的角度看，也验证了员工离职行为并不直接源于员工个体的社会化经验，

而是通过员工对组织的认同感而起作用（Feldman，1976）。

六 小结

本研究结果表明，员工组织社会化程度对员工的工作态度和行为有重要的影响，4个维度对员工态度和行为的影响各有侧重，部分验证了研究所提出的假设。

1. 组织文化社会化对员工的组织认同感有显著正向影响，同时组织文化通过组织认同间接影响员工的离职意愿。

2. 工作胜任社会化对员工的工作绩效有显著正向影响。

3. 人际关系社会化对员工工作绩效和工作满意度均有显著正向影响，同时人际关系社会化通过员工工作满意度间接影响员工的离职意愿。

4. 组织政治社会化对员工的组织认同有显著负向影响，对离职意愿有显著正向影响。同时，组织政治社会化通过组织认同间接影响员工的离职意愿。

第七章　员工组织社会化内容的中介效应研究

一　研究目的

根据有关组织社会化研究的文献分析，可以发现，在组织社会化研究中，组织社会化内容研究是各种研究视角的核心。这是因为只有理解和探讨了组织社会化的内容，组织才能更好地对员工实施不同的社会化策略，以及安排组织员工在不同的阶段学习不同的内容。因此，本研究拟探讨组织社会化内容在组织社会化策略和员工心理、行为后果变量中的中介作用。

二　研究的相关理论和研究假设

在理论研究方面，从第二章中图 2.4 组织社会化研究的多层次研究模型可以看出，无论是组织社会化策略，还是员工信息寻求行为，都是通过组织社会化内容的学习进而影响员工的心理和行为等后果变量（Saks 和 Ashforth，1997）。在实证研究方面，乔等人（Chao 等，1994）从员工学习内容的角度出发，探讨了不同组织社会化策略是否通过员工学习组织社会化内容而影响员工的行为和态度，这里的行为和态度后果变量包括员工角色模糊和角色冲突等一系列变量。研究结果表明，新进员工组织社会化内容的学习是组织社会化策略和员工角色后果变量的中介变量，同时，该研究也证实了在组织社会化过程中新进员工的学习所扮演的关键角色。因此，乔（Chao）等人认为，组织社会化内容的学习提供了一个联结组织社会化策略和员工心理、行为等相关后果变量的途径。库伯－托马斯和安德森（Cooper - Thomas 和 Anderson，2002）通过对英国士兵入伍前 8 个月的培训研究发现，新入伍士兵的信息寻求行为调节 3 组织社会化策略和他们组织社会化的关键结果。哈特和米勒（Hart 和 Miller，2005）通过对 85 名新雇用的管理者进行了 4 个月左右的纵向研究，结果发现，管理者组织社会化内容的工作绩效标准化是组织社会化策略（表现在固定社会化策略和伴随社会化策略）对管理者角色模糊影响的中介变量。这两项研究结果进一步强化了组织社会化是一个学习的过程。基于上述文献分析，本研究提出以下假设：

假设 1：组织社会化内容是组织社会化策略影响员工心理、行为等后果变量的中介变量。

假设1a：组织社会化内容是集体/个体社会化策略影响员工工作绩效、工作满意、组织认同和离职意愿的中介变量。

假设1b：组织社会化内容是固定/变动社会化策略影响员工工作绩效、工作满意、组织认同和离职意愿的中介变量。

假设1c：组织社会化内容是伴随/分离社会化策略影响员工工作绩效、工作满意、组织认同和离职意愿的中介变量。

本研究的理论假设模型，如图7.1所示。

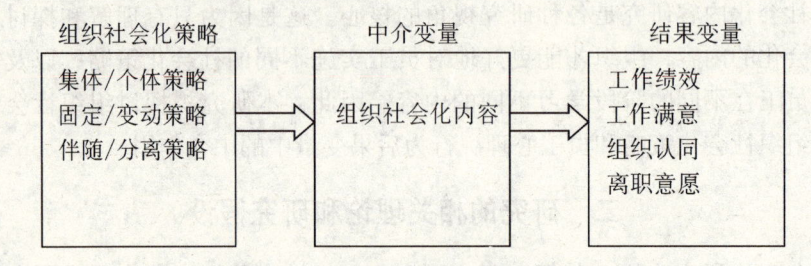

```
组织社会化策略              中介变量               结果变量
┌─────────────┐         ┌─────────────┐       ┌─────────────┐
│ 集体/个体策略 │         │             │       │ 工作绩效     │
│ 固定/变动策略 │ ──────▶ │ 组织社会化内容│ ────▶│ 工作满意     │
│ 伴随/分离策略 │         │             │       │ 组织认同     │
│             │         │             │       │ 离职意愿     │
└─────────────┘         └─────────────┘       └─────────────┘
```

图7.1　中介效应研究假设示意图

三　研究方法和程序

（一）研究工具

组织社会化策略、组织社会化内容和后果变量，均采用前面章节所编制或修订的问卷。研究问卷采用李克特6点量表进行评价，由"1—完全不同意"到"6—完全同意"，分别为"完全不同意"、"不同意"、"不太同意"、"有些同意"、"比较同意"、"完全同意"。

（二）被试

采用第二次正式调查获得的有效被试382人，具体被试情况见第四章表4.5所示。

（三）统计方法

本研究采用验证性因素分析、一般回归分析、层次回归分析（Hierarchical Regression Aanlysis）等统计方法，统计软件为Spss13.0和Lisre18.50。

四　研究结果

（一）组织社会化内容的二阶验证性因素分析

二阶验证性因素分析是结构方程模型中介于测量模型和因果模型之间的一种模型评价技术，其目的是检验一阶测量模型能否进一步概括成更加有意义的概念。组织社会化内容二阶验证性因素分析就是验证组织社会化内容是一个可以整合的二阶潜变量,由于本研究中把组织社会化内容整体上看作是一个中介变量,所以需要考查组织社会化内容的各个分测验总分是否能够用来估计员工组织社会化内容的学习程度,即员工组织社会化内容的 4 个分测验得分之和是否能够作为对二阶潜变量的估计值。

运用第二次正式调查所获得的有效数据资料,对组织社会化内容进行二阶因素分析。为了检验二阶因素分析与一阶单因素模型的差异,并检验将项目压缩成一阶模型后模型的拟合情况,我们同时还呈现了一阶单因素模型、压缩项目后的一阶模型的拟合情况。二阶验证因素分析和简化后的一阶因素分析示意图,见图 7.2 和图 7.3 所示,分析拟合结果见表 7.1。

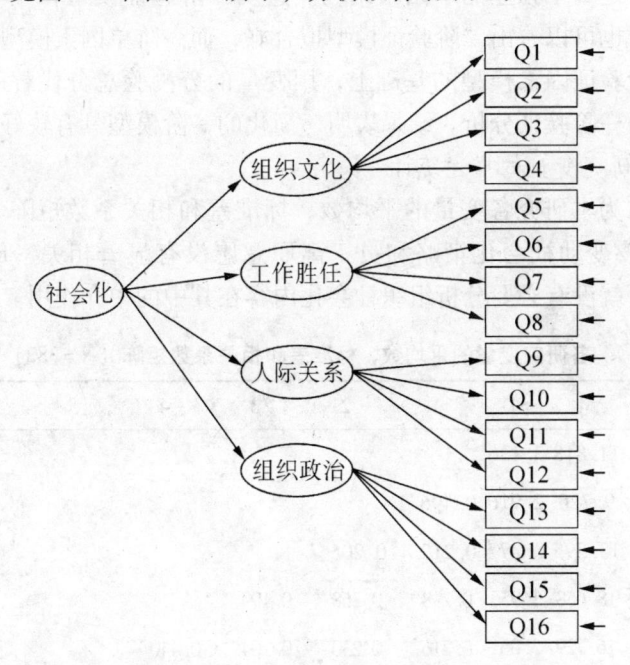

图 7.2 组织社会化内容二阶验证性因素分析模型

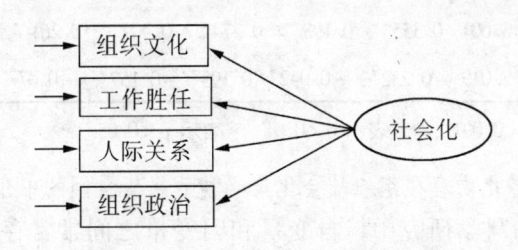

图 7.3 简化后的组织社会化内容一阶验证性因素分析模型

表7.1　组织社会化内容二阶验证模型拟合指标结果

模型	χ^2	df	χ^2/df	RMSEA	CFI	GFI	NNFI	PNFI
一阶单因素	507.25	104	4.877	0.103	0.717	0.852	0.673	0.579
二阶验证模型	227.30	100	2.273	0.059	0.897	0.928	0.877	0.697
简化后一阶模型	5.67	2	2.835	0.071	0.987	0.992	0.960	0.327

从表7.1可以看出，组织社会化内容二阶验证模型各项拟合指数均比较理想，说明组织社会化内容问卷的各个维度有共同的内容，可以做进一步的概括。但是需要说明的是，尽管这些维度有共同性，但是并不等于说，组织社会化内容是一个独立的单因素结构。这从二阶验证模型和一阶单因素模型的比较中，也可以看出二阶验证模型拟合好，而一阶单因素模型拟合较差。

在二阶验证因素模型的基础上，用变量的分测验总分代替问卷项目，进行了简化的一阶验证分析。结果表明，简化的一阶模型具有较好的拟合指数。

（二）研究变量的描述统计

表7.2为本研究各变量的平均数、标准差和相关系数矩阵。从表中可以看出，固定/变动社会化策略和员工离职意愿没有显著相关（$r = -0.042$），因此研究中就没有必要分析组织社会化内容在其中的中介作用。

表7.2　各研究变量的平均数、标准差和相关系数矩阵（N = 382）

变量	M	SD	1	2	3	4	5	6	7
1 集体/个体	11.818	3.136							
2 固定/变动	9.720	2.916	0.496**						
3 伴随/分离	13.395	3.377	0.212**	0.205**					
4 组织社会化	18.658	1.956	0.298**	0.268**	0.199**				
5 工作绩效	16.729	3.061	0.216**	0.230**	0.204**	0.440**			
6 工作满度	19.313	4.580	0.480**	0.465**	0.251**	0.325**	0.291**		
7 组织认同	18.846	3.601	0.355**	0.198**	0.274**	0.407**	0.261**	0.455**	
8 离职意愿	8.743	3.019	-0.232**	-0.042	-0.193**	-0.157**	-0.077	-0.403**	-0.441**

注：***表示$p < 0.001$，**表示$p < 0.01$，*表示$p < 0.05$。

（三）组织社会化内容在组织社会化策略和后果变量间的中介作用

在社会和行为科学研究中，自变量和因变量之间常常存在有第三变量，按照其在自变量和因变量间所起的作用可以把这个第三变量分别归纳为中介变量（mediator）和调节变量（moderator）（Baron 和 Kenny，1986）。所谓中介变量主要是来解释自变量对因变量的某种作用通过怎样的途径发生的或者为什么会发生这种作用，即"某些作用怎样或为什么发生的机制"。一般而言，当自变量和因变量的关系非常强时，通常引入中介变量的研究来了解自变量作用于因变量的机制，最终为各种应用目的的实践干预提供理论支持。

巴昂和肯尼（Baron 和 Kenny，1986）指出，根据自变量和因变量之间关系的变化程度，中介变量可以分为两种：完全中介变量和部分中介变量。所谓完全中介变量，就是中介变量的加入使得自变量和因变量之间的相关没有了。也就是说，这个中介变量是一个单一主导性的中介变量（Baron 和 Kenny，1986）。如图 7.4 所示，图中虚线部分（c）表示在控制中介变量时，自变量对因变量的影响为零。部分中介变量，是指中介变量的加入使得自变量和因变量之间的相关降低了，也就是说，自变量和因变量之间的关系没有变成零，它们之间的关系仅仅是变弱或降低了，这说明在自变量和因变量之间还可能存在多个中介变量（Baron 和 Kenny，1986）。如图 7.5 所示，图中实线部分（c）表示在控制中介变量时，自变量对因变量的影响不为零且其影响强度显著低于没有控制中介变量的影响。当存在部分中介变量时，从理论上看，虽然影响强度的显著减少既不是这种影响必然发生的充分条件，也不是影响必然发生的必要条件，但是这种减少能说明存在的中介影响是有效的。

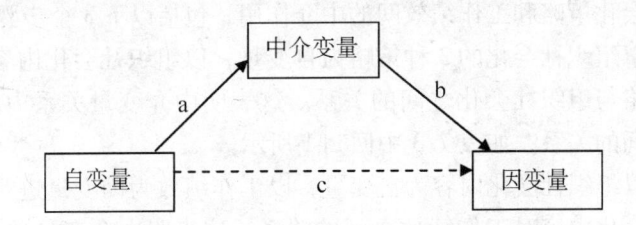

图 7.4　中介变量完全中介模型示意图

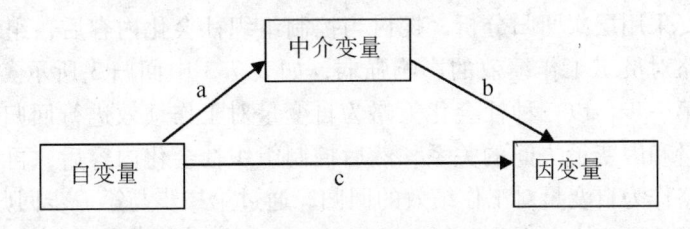

图 7.5　中介变量部分中介模型示意图

为了验证本研究所提出的假设模型，确认组织社会化策略、组织社会化内容与员工心理、行为等后果变量间的关系，本研究采用了巴昂和肯尼（Baron 和 Kenny，1986）提出的三步中介回归分析法（three steps mediated regression method）来分析上述变量间的关系。他们认为中介变量需要满足三个条件，（1）自变量的变异可以显著地解释中介变量的变异（关系 a），（2）中介变量的变异可以显著的解释因变量的变异（关系 b），（3）当控制中介变量后，原来显著的自变量和因变量之间的关系（关系 c）变为不显著或显著性降低。其中自变量和因变量关系不显著为完全中介作用，自变量和因变量关系显著降低为部分中介作用。对于部分中介变量而言，还要考验当控制中介变量后，自变量对因变量影响的降低水平是否显著，检验标准化回归系数降低程度显著与否的计算公式为：

$$Z = \frac{ab}{\sqrt{S_a^2 S_b^2 + a^2 S_b^2 + b^2 S_a^2}} \tag{1}$$

其中，Z 服从正态分布，在 0.05 水平上显著的临界值为 1.96，a 和 b 分别为自变量对中介变量、中介变量对因变量的回归系数；S_a 和 S_b 分别为 a 和 b 的标准误。

1. 组织社会化内容在组织社会化策略和工作绩效间的中介作用

（1）研究方法

按照巴昂和肯尼（Baron 和 Kenny，1986）的观点，欲探讨组织社会化内容在组织社会化策略和工作绩效间的中介作用，包括以下 3 个步骤。

第一，以组织社会化的 3 种策略为自变量，以组织社会化内容为因变量，探讨 3 种策略与组织社会化之间的关系。这表明中介变量关系中的自变量和中介变量之间的关系，如表 7.3 中回归 1 所示。

第二，以组织社会化内容为自变量，以工作绩效为因变量进行回归分析，探讨组织社会化内容对工作绩效之间的关系。这表明中介变量关系中的中介变量和因变量间的关系，如表 7.3 中回归 2 所示。

第三，采用层次回归分析，探讨当控制组织社会化内容后，组织社会化的三种策略对员工工作绩效的影响强弱，如表 7.3 中回归 3 所示。在回归 3 中，首先第一步，以三种社会化策略为自变量对工作绩效进行回归分析，以表明自变量和因变量之间的关系，然后控制组织社会化内容后，再考查三种社会化策略作为自变量对工作绩效的回归，通过第二步与第一步回归的比较，考察中介变量模式中自变量对因变量作用的前后变化。

表7.3 组织社会化内容在组织社会化策略和工作绩效间的中介作用

变量	回归1 组织社会化内容	回归2 工作绩效	回归3（工作绩效） 第一步	第二步
集体/个体策略	0.178**		0.104*	
固定/变动策略	0.163**		0.147*	
伴随/分离策略	0.125*		0.148*	
组织社会化内容		0.440***		
组织社会化内容				0.398***
集体/个体策略				0.057
固定/变动策略				0.074
伴随/分离策略				0.087
R^2	0.122	0.194	0.085	0.226
$\triangle R^2$	0.114	0.191	0.077	0.217
F	15.825***	84.816***	10.935***	24.492***

注：*** 表示 $p<0.001$，** 表示 $p<0.01$，* 表示 $p<0.05$。

（2）结果

回归分析结果表明：

第一，在回归1中，组织社会化3种策略对组织社会化内容均有显著预测作用，其回归系数分别为0.178（$p<0.01$）、0.163（$p<0.01$）、0.125（$p<0.05$），表明自变量和中介变量存在显著的正向关系。

第二，在回归2中，组织社会化内容对工作绩效有正向显著的作用，回归系数为0.440（$p<0.001$），表明中介变量和因变量存在显著的正向关系。

第三，在回归3中，第一步结果表明，组织社会化3种策略对工作绩效具有显著的正向作用，其回归系数分别为0.104（$p<0.05$）、0.147（$p<0.05$）、0.148（$p<0.01$），表明自变量和因变量之间存在显著的正向关系。第二步回归分析是探讨当控制组织社会化内容后，组织社会化策略作为自变量对工作绩效的影响作用。首先，共线性诊断表明，组织社会化内容和三种社会化策略等4个变量其容忍度（tolerance）分别为0.886、0.714、0.717、0.925，即上述4个变量能够提供的独立信息分别占各自方差的71%以上。因此，表明它们之间不存在共线性问题。回归分析结果表明，3种组织社会化策略对工作绩效的预测均不显著，但组织社会化内容对工作绩效的预测显著。组织社会化策略由第一步回归分析的显著作用到第二步回归分析的不显著作用，说明了组织社会化内容是组织社会化策略和工作绩效之间的完全中介变量。

2. 组织社会化内容在组织社会化策略和工作满意间的中介作用

（1）研究方法

按照巴昂和肯尼（Baron 和 Kenny，1986）的观点，要探讨组织社会化内容在组织社会化策略和工作满意度间的中介作用，也包括以下三个步骤。

第一，以组织社会化的三种策略为自变量，以组织社会化内容为因变量，探讨3种社会化策略与组织社会化之间的关系。这表明中介变量关系中的自变量和中介变量之间的关系，如表7.4中回归1所示。

第二，以组织社会化内容为自变量，以工作满意度为因变量进行回归分析，探讨组织社会化内容与工作满意之间的关系。这表明中介变量关系中的中介变量和因变量间的关系，如表7.4回归2所示。

第三，采用层次回归分析，探讨当控制组织社会化内容后，组织社会化的三种策略对员工工作满意度的影响强弱，如表7.4中回归3所示。即在回归3中，第一步，以3种社会化策略为自变量对工作满意度进行回归分析，以表明自变量和因变量之间的关系，然后控制组织社会化内容后，再次考查3种社会化策略作为自变量对工作满意的回归，通过第二步与第一步回归的比较，考察中介变量中自变量对因变量作用的前后变化。

表7.4 组织社会化内容在组织社会化策略和工作满意间的中介作用

变量	回归1 组织社会化内容	回归2 工作满意	回归3（工作满意）	
			第一步	第二步
集体/个体策略	0.178**		0.279***	
固定/变动策略	0.163**		0.315***	
伴随/分离策略	0.125*		0.129**	
组织社会化内容		0.325***		
组织社会化内容				0.134**
集体/个体策略				0.279***
固定/变动策略				0.283***
伴随/分离策略				0.106*
R^2	0.122	0.106	0.314	0.340
$\triangle R^2$	0.114	0.103	0.308	0.332
F	15.825***	41.439***	50.001***	42.800***

注：*** 表示 $p<0.001$，** 表示 $p<0.01$，* 表示 $p<0.05$。

（2）结果

回归分析结果表明：

第一，在回归1中，组织社会化3种策略对组织社会化内容均有显著预测作用，其回归系数分别为0.178（p<0.01）、0.163（p<0.01）、0.125（p<0.05），表明自变量和中介变量存在显著的正向关系。

第二，在回归2中，组织社会化内容对工作满意度有正向显著的作用，回归系数为0.325（p<0.001），表明中介变量和因变量存在显著的正向关系。

第三，在回归3中，第一步结果表明，组织社会化3种策略对工作满意具有显著的正向作用，其回归系数分别为0.279（p<0.05）、0.315（p<0.05）、0.129（p<0.01），表明自变量和因变量之间存在显著的正向关系。第二步回归分析是探讨，当控制组织社会化内容后，组织社会化策略作为自变量对工作满意的影响作用。同理，共线性诊断表明，组织社会化内容和三种社会化策略等4个变量之间不存在共线性问题，它们的容忍度分别为0.882、0.714、0.717、0.925，即上述4个变量能够提供的独立信息分别占各自方差的71%以上。回归分析结果表明，集体/个别社会化策略的标准回归系数没有改变，固定/变动社会化策略、伴随/分离社会化策略标准化回归系数均有所减少。按照公式（1）计算，固定/变动社会化策略标准化回归系数降低程度为Z=2.572，p<0.05，伴随/分离社会化标准化回归系数降低程度为Z=2.519，p<0.05，二者均达到显著水平。这表明，固定/变动社会化策略、伴随/分离社会化策略是通过组织社会化内容对员工工作满意度而起作用的（部分中介作用），而在集体/个别社会化策略通过组织社会化内容对工作满意的影响过程比较复杂，组织社会化内容不是该影响过程的中介变量。

3. 组织社会化内容在组织社会化策略和组织认同、离职意愿间的中介作用

（1）研究方法

按照上述步骤，分别对组织社会化内容在组织社会化策略和组织认同、离职意愿间的中介作用进行分析并检验是否存在共线性问题。具体回归分析结果见表7.5和表7.6所示。

表7.5　组织社会化内容在组织社会化策略和组织认同间的中介作用

变量	回归1 组织社会化内容	回归2 组织认同	回归3（组织认同）	
			第一步	第二步
集体/个体策略	0.178**		0.290***	
固定/变动策略	0.163**		0.030ª	
伴随/分离策略	0.125*		0.215***	
组织社会化内容		0.407***		
组织社会化内容				0.278***

续表

变量	回归1 组织社会化内容	回归2 组织认同	回归3（组织认同）第一步	第二步
集体/个体策略				0.233***
伴随/分离策略				0.187***
R^2	0.122	0.165	0.166	0.241
$\triangle R^2$	0.114	0.163	0.159	0.234
F	15.825***	69.378***	23.148***	35.660***

注：***表示 $p<0.001$，**表示 $p<0.01$，*表示 $p<0.05$。
(^{a} 表示固定/变动社会化策略对组织认同不存在显著预测效果，故在控制组织社会化内容后，该项策略不再参与计算)

(2) 结果

共线性诊断分析表明，组织社会化内容和三种社会化策略等4个变量其容忍度分别为0.885、0.724、0.735、0.930，即上述4个变量能够提供的独立信息分别占各自方差的72%以上，它们之间不存在共线性问题。从表7.5可以看出，首先，固定/变动组织社会化策略对员工组织认同感不存在显著预测效果，故在控制组织社会化内容后，该策略不再参与中介过程的计算。其次，在控制组织社会化内容后，集体/个体组织社会化策略和伴随/分离组织社会化策略对员工组织认同感的预测效果其标准化回归系数均有所降低。按照公式（1）计算，集体/个别社会化策略标准化回归系数降低程度为 $Z=3.977$，$p<0.01$，伴随/分离社会化标准化回归系数降低程度为 $Z=3.652$，$p<0.01$，二者均达到显著水平。这表明，组织社会化内容在集体/个体社会化策略和伴随/分离社会化策略对员工组织认同感上起部分中介作用。

表7.6　组织社会化内容在组织社会化策略和离职意愿间的中介作用

变量	回归1 组织社会化内容	回归2 离职意愿	回归3（离职意愿）第一步	第二步
集体/个体策略	0.178**		-0.238***	
固定/变动策略	0.163**		0.109^a	
伴随/分离策略	0.125*		-0.177***	
组织社会化内容		-0.157**		
组织社会化内容				0.052
集体/个体策略				0.180***
伴随/分离策略				0.156**

续表

变量	回归1 组织社会化内容	回归2 离职意愿	回归3（离职意愿）第一步	第二步
R^2	0.122	0.0240	0.083	0.080
$\triangle R^2$	0.114	0.022	0.076	0.071
F	15.825***	8.916**	10.723***	9.878***

注：***表示 $p<0.001$，**表示 $p<0.01$，*表示 $p<0.05$。

（[a]表示固定/变动社会化策略对离职意愿不存在显著预测效果，故在控制组织社会化内容后，该项策略不再参与计算）

在对员工离职意愿的层次回归分析中，首先，共线性诊断分析表明，组织社会化内容和3种社会化策略等4个变量之间不存在共线性，它们的容忍度（tolerance）分别为0.879、0.711、0.717、0.921，即上述4个变量能够提供的独立信息分别占各自方差的71%以上。从表7.6可以看出，首先，固定/变动组织社会化策略对员工离职意愿不存在显著预测效果，故在控制组织社会化内容后，该组织社会化策略不再参与中介过程的计算。其次，在控制组织社会化内容后，集体/个别组织社会化策略和伴随/分离组织社会化对员工离职意愿的标准化回归系数由负变为正，并没有降低。这表明，集体/个别组织社会化策略和伴随/分离组织社会化策略通过组织社会化内容对员工离职意愿的影响过程比较复杂。故组织社会化策略对员工离职意愿预测中不存在中介关系。

五 讨论

通过层次回归分析表明，组织社会化内容在组织社会化策略对员工心理、行为等后果变量的影响过程中起中介作用。其中，组织社会化内容的学习，在组织社会化策略与员工工作绩效间起完全中介作用；在组织社会化策略与工作满意度、组织认同间起部分中介作用；在组织社会化策略与员工离职意愿间不存在中介效果。从而部分验证了本研究所提出的假设。

范玛内姆和薛恩（Van Maanen 和 Schein, 1979）及琼斯（Jones, 1986）在研究中指出，所谓集体社会化策略是指组织将新进员工集中起来，通过提供一套通用的或标准化的学习经验，使新进员工对其职务产生标准化反应，目的是使新进员工形成对组织认同、团结及忠诚。这种标准化的模式主要体现在两个方面：一方面，是反映在工作上，即工作标准化的掌握。工作标准化掌握的程度能够快速有效地影响员工在组织中社会化的过程，进而明显地影响员工的任务掌握、角色澄清和文化适应（Tung Ling Hsiung，2003）。另一方面，反映在组织层次上，即组织文化模式的吸收和内化。此外，集体社会化策略能够给组织员工提供有关组织信息的讨论环境，员工通过讨论能够获得其他人的帮助并分享经验。这种互动能再次加强员工个人职务的定义和使员工有"同舟共济"的意识（Jones，1986；Van Maanen，1978）。因此，集体社会化策略通过组织文化和工作胜任的社会化，而间接影响员工的工作绩效（$\beta = 0.104$）和对组织的认同感（$\beta = 0.233$）。我们通过对组织社会化4个方面的内容进行具体的回归分析也同样发现，集体社会化策略主要是通过工作胜任和组织文化两个维度间接影响员工的工作绩效和组织认同感。研究假设1a得到部分验证。

伴随社会化策略是指组织安排有经验的员工辅导新进员工进行社会化，有经验的或资深的组织成员在组织社会化过程中扮演角色榜样（role model），即导师制（mentoring）（Jones，1986）。克莱姆（Kram，1983）通过深度访谈首先区分了导师的两种基本功能：职业相关辅导（career-related mentoring）和心理辅导（psychological mentoring）。前者主要涉及人际关系、组织愿景、技能辅导、挑战任务等和员工职业生涯提升直接相关的活动；后者主要涉及角色榜样、组织接纳、建立友谊等影响员工自我形象和能力的活动。归纳而言，导师的功能主要体现在提供任务帮助、提供社会支持、提供职业生涯建议、提供角色模型4个方面（Turban和Dougherty，1994；Whitely等，1991）。研究表明，当员工接受更多的心理辅导时，他们在组织政治和任务掌握方面会表现更好；当员工接受越多的职业辅导时，在人际关系社会化方面会有更好的实现（Allen等，1999；Ostroff和Kozlowski，1992；Harth和Miller，2005）。因此，当组织实施伴随社会化策略时，实际上是通过导师帮助员工掌握工作技能、吸收组织文化、主动接受组织价值观和快速地融入所在工作群体中，因此，伴随社会化通过组织社会化内容来间接影响员工工作绩效（$\beta = 0.148$）、工作满意度（$\beta = 0.106$）和对组织的认同感（$\beta = 0.187$）。研究假设1b得到部分验证。

固定社会化策略是指组织提供给员工明确的社会化过程时间表，使其了解在社会化过程中，经历各个不同阶段所需花费的时间（Van Maanen和Schein，1979；Jones，1986）。相对于变动社会化策略而言，固定社会化策略给员工提供了一种按部就班的模式，包括员工培训计划和员工职业发展路径等相关信息，在一定意义上是组织对员工的职业生涯的管理。在频繁的组织变革或组织重组背景下，固定社会化策略无疑给企业员工提供了一种安全感。

研究表明，如果组织注重员工培训和员工职业发展，则对员工满意度和工作绩效有显著的正向影响（Pazy，1988；Iles 和 Mabey，1993）。乔等（Chao 等，1994）研究发现，固定社会化策略对员工组织社会化程度有正向影响。因此，固定社会化策略通过组织社会化内容学习而间接影响员工的满意度和工作绩效。研究假设 1c 部分得到验证。因此，对企业人力资源管理而言，研究结果的意义表现在组织培训不应该是一次完成的而应分几个时间段，这样持续的培训在保持或挽留企业员工队伍上才比较有效，尤其是当培训和员工的升迁机会相联系时。

此外，本研究没有发现组织社会化内容在组织社会化策略和员工离职意愿间存在中介效果，组织社会化内容和组织社会化策略对员工离职均有显著影响，但不存在中介效应。这也证实了员工离职意愿的因素是多方面的，员工组织社会化程度只是其中一个影响因素而已。

六 小结

通过回归分析，可以发现，组织社会化内容在组织社会化策略对员工心理、行为等后果变量的影响过程中起中介作用，其中，组织社会化内容的学习在组织社会化策略和员工工作绩效间起完全中介作用，在组织社会化策略和工作满意度、组织认同间起部分中介作用，在组织社会化策略和员工离职意愿间不存在中介效果。

第八章 不同人口学组织学特征变量的差异分析

一 研究目的

在前面研究的基础上，本章进一步探讨人口学组织学特征变量对员工组织社会化内容的影响。研究被试的人口组织学变量包括性别、年龄、教育程度、工作年限、企业性质、工作种类。这些人口组织学变量也许是导致员工组织社会化程度差异的原因之一，组织人力资源管理部门可以根据这些研究制定合理的组织社会化方案。因此，本研究拟验证的假设为：

假设1：不同人口学和组织学特征的员工，其组织社会化内容在不同维度上存在差异。

二 研究方法

（一）研究被试

在员工组织社会化两次正式调查问卷中，均设计有性别、年龄、教育程度、工作年限、工作种类和企业性质等人口、组织统计变量。因此，通过对调查数据进行统计分析，可以找出人口学变量、组织学变量和员工组织社会化程度间的关系，从而发现人口学、组织学变量对员工组织社会化的影响。被试主要来自两次正式调查的企业员工，样本数为854人，样本具体情况见第四章中表4.1和表4.5所示。

（二）研究方法

研究统计方法采用独立样本T检验和单因素方差分析（ANOVA），统计软件为Spss13.0。

三 研究结果

对854名企业员工的调查数据进行独立样本T检验、单因素方差分析和LSD多重比较，各种人口组织学变量差异分析结果见表8.1。具体方差分析结果和图表分析如下：

表 8.1　人口/组织学变量和员工组织社会化程度的关系（N = 854）

组织社会化维度	性别	年龄	教育程度	工作年限	工作种类	企业性质
组织文化	×	25 岁以下 < 26—35 岁、36—45 岁	高中以下、高中或中专 < 大专、本科以上	1 年以下 < 3 年以上；1—3 年 < 5—10 年	基层管理者和一般员工 < 高层和中层管理者	×
工作胜任	×	25 岁以下 < 26—35 岁、36—45 岁	高中或中专 < 大专、本科以上	1 年以下 < 10 年以上；1—3 年 < 5—10 年、10 年以上	基层管理者和一般企业员工 < 中层管理者	×
人际关系	×	×	×	×	×	外资企业 < 国有企业
组织政治	男 > 女	×	高中以下 < 高中/中专、大专和本科	×	基层管理者和一般员工 < 高层和中层管理者	民营企业、外资企业 < 国有企业

注：表中"×"表示比较结果没有显著差异。

（一）不同性别员工的比较

对不同性别的企业员工在组织社会化各个维度上的平均数进行独立样本 T 检验，研究结果发现，不同性别的员工在组织政治维度上存在显著差异（$t = 4.081$，$p < 0.001$），男性得分高于女性。在组织文化、工作胜任、和人际关系三个社会化维度上，不同性别的企业员工不存在显著差异，具体结果见表 8.2 所示。

表 8.2　不同性别员工组织社会化内容平均数的 T 检验（N = 854）

项目	组别	样本数	平均数	标准差	T
组织文化	男	387	16.811	3.088	1.285
	女	433	16.529	3.188	
工作胜任	男	394	20.307	2.356	-1.667
	女	436	19.476	2.321	
人际关系	男	391	19.476	2.360	0.006
	女	434	19.475	2.301	
组织政治	男	396	18.260	2.984	4.081***
	女	436	17.378	3.224	

注：***表示 $p < 0.001$，**表示 $p < 0.01$，*表示 $p < 0.05$。

（二）不同年龄员工的比较

为了探讨企业员工年龄和组织社会化程度的关系，在本研究中，将员工年龄分为 5 个年龄段：25 岁以下、26—35 岁、36—45 岁、46—55 岁、55 岁以上，分别赋值为 1—5。由于年龄在 55 岁以上的员工样本人数仅有 4 人，所以本研究将他们和 46—55 岁一起讨论，视为 46 岁以上。在研究中采用单因素方差分析的方法，探讨不同年龄阶段的员工在组织社会化程度上的差异。从表 8.1 中可以看出，方差分析结果表明，不同年龄阶段的员工在组织文化和工作胜任两个维度上存在显著差异。进一步多重比较分析发现，在组织文化和工作胜任两个方面，年龄在 25 岁以下的员工和 26—35 岁、36—45 岁之间的员工存在显著差异，其中，25 岁以下的员工对组织文化和工作胜任的社会化程度均低于 26—35 岁和 36—45 岁之间的员工，具体结果见表 8.3、图 8.1 和图 8.2 所示。

表 8.3　　不同年龄员工组织社会化内容的差异比较（N = 854）

项目	变异来源	总方差	自由度	均方差	F 值	显著性
组织文化	组间	174.474	3	58.158	5.994	0.000
	组内	8052.640	830	9.702		
	总体	8227.114	833			
工作胜任	组间	57.941	3	19.314	3.560	0.014
	组内	4492.323	828	5.426		
	总体	4550.264	831			
人际关系	组间	7.458	3	2.486	0.4510	0.717
	组内	4534.566	823	5.510		
	总体	4542.024	826			
组织政治	组间	56.948	3	18.983	1.931	0.123
	组内	8039.718	818	9.829		
	总体	8096.667	821			

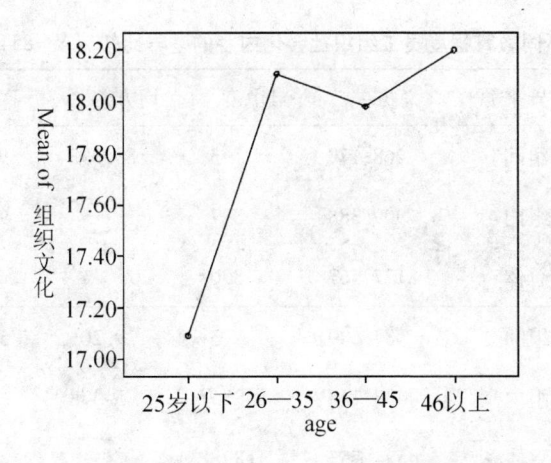

图 8.1 不同年龄的员工在组织文化社会化维度上的差异比较

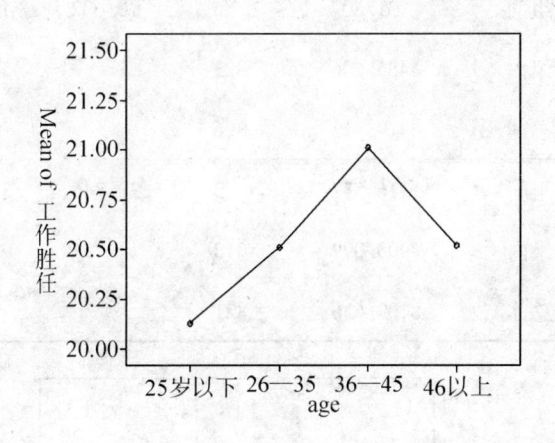

图 8.2 不同年龄的员工在工作胜任社会化维度上的差异比较

(三) 不同教育程度员工的比较

在本研究中，研究者将教育程度分为 5 类：高中以下、高中或中专、大专、本科、硕士以上，分别赋值为 1—5。由于研究中硕士以上被试人数相当少（N=17），在进行比较时，研究者将硕士以上的员工和本科学历的员工合并为本科以上。从表 8.1 可以发现，方差分析结果表明，不同文化程度的员工在组织文化、工作胜任和组织政治 3 个社会化方面存在显著差异。进一步多重比较分析发现，在组织文化方面，高中以下和高中或中专均显著低于大专和本科以上的员工，工作胜任方面，高中或中专的员工显著低于大专、本科以上教育程度的员工。组织政治方面，高中以下的员工均显著低于其他 3 类教育程度的员工，具体分析结果见表 8.4、图 8.3 和图 8.4 所示。

表 8.4　不同教育程度员工组织社会化内容的差异比较（N=854）

项目	变异来源	总方差	自由度	均方差	F 值	显著性
组织文化	组间	268.179	3	89.393	9.347	0.000
	组内	7909.388	827	9.347		
	总体	8177.567	830			
工作胜任	组间	87.609	3	29.203	5.430	0.001
	组内	4437.143	825	5.378		
	总体	4524.753	828			
人际关系	组间	31.807	3	10.602	1.938	0.122
	组内	4485.606	823	5.470		
	总体	4517.413	826			
组织政治	组间	116.537	3	38.846	3.961	0.008
	组内	7993.099	818	9.807		
	总体	8109.636	821			

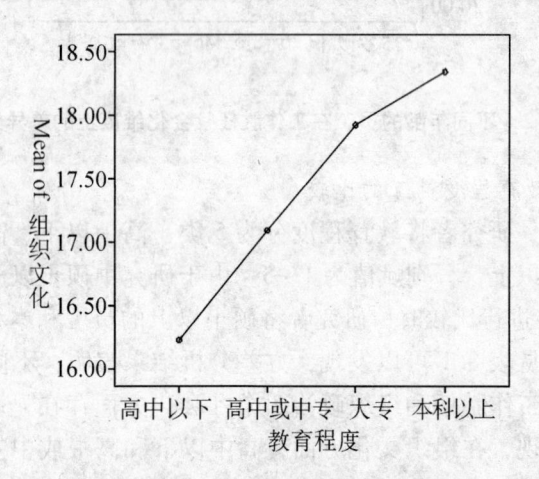

图 8.3　不同教育程度的员工在组织文化社会化维度上的差异比较

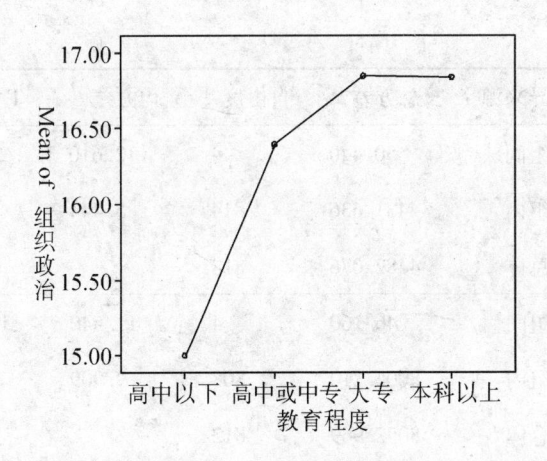

图 8.4　不同教育程度的员工在组织政治社会化维度上的差异比较

（四）不同工作年限的员工比较

在本研究中，研究者将员工工作年限分为5类：1年以下、1—3年、3—5年、5—10年、10年以上，分别赋值为1—5，采用单因素方差分析比较。方差分析结果表明，不同工作年限的员工在组织文化和工作胜任两个维度上存在显著差异（如表8.1所示）。进一步比较分析发现，在组织文化社会化程度方面，工作年限为1年以下的员工显著低于工作年限为3—5年、5—10年以及10年以上的员工；工作年限为1—3年的员工显著低于工作年限5—10年的员工。在工作胜任方面，工作年限为1年以下的员工明显低于10年以上的员工，工作年限为1—3年的员工均低于工作年限为5—10年、10年以上的员工。具体分析结果见表8.5、图8.5和图8.6所示。

表 8.5　不同工作年限员工组织社会化内容的差异比较（N=854）

项目	变异来源	总方差	自由度	均方差	F值	显著性
组织文化	组间	142.853	4	35.713	3.661	0.006
	组内	7998.342	820	9.754		
	总体	8141.195	824			
工作胜任	组间	55.278	4	13.820	2.559	0.037
	组内	4416.671	818	5.399		
	总体	4471.949	822			

续表

项目	变异来源	总方差	自由度	均方差	F 值	显著性
人际关系	组间	50.440	4	12.610	2.316	0.056
	组内	4431.636	814	5.444		
	总体	4482.076	818			
组织政治	组间	46.160	4	11.540	1.165	0.325
	组内	8006.810	808	9.909		
	总体	8052.969	812			

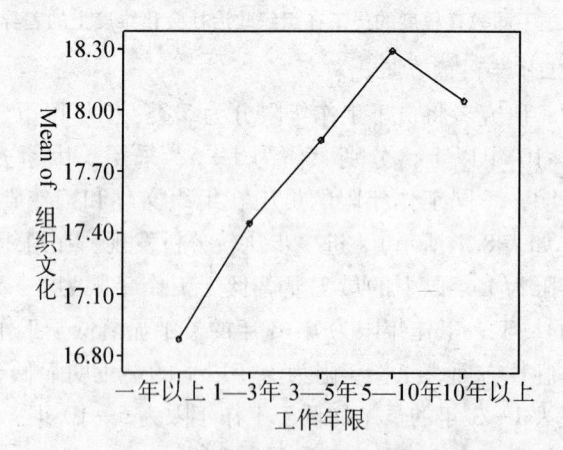

图 8.5 不同工作年限的员工在组织文化社会化维度上的差异比较

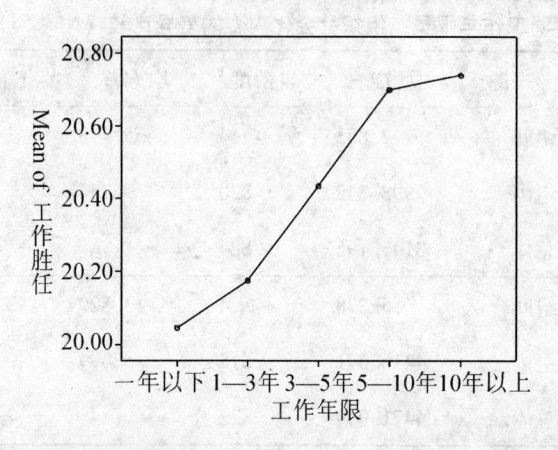

图 8.6 不同工作年限的员工在工作胜任社会化维度上的差异比较

(五) 不同工作种类的员工比较

在本研究中,研究者将员工工作种类分为高层管理者、中层管理者、基层管理者和一般员工四个类别,分别赋值为1—4,对不同工作种类的员工在组织社会化各个维度上进行比较。方差分析结果表明,不同工作种类的员工在组织文化、工作胜任和组织政治三个维度上存在显著差异(见表8.1所示)。通过多重比较发现,在组织文化和组织政治方面上,高层管理者和中层管理者均显著高于基层管理者和一般企业员工。在工作胜任方面,中层管理者显著高于基层管理者和一般企业员工。具体结果见表8.6、图8.7、图8.8、图8.9所示。

表8.6 不同工作种类员工组织社会化内容的差异比较 ($N=854$)

项目	变异来源	总方差	自由度	均方差	F值	显著性
组织文化	组间	480.181	3	160.060	17.410	0.006
	组内	7189.524	782	9.194		
	总体	7669.705	785			
工作胜任	组间	91.301	3	30.434	5.638	0.001
	组内	4216.074	781	5.398		
	总体	4307.376	784			
人际关系	组间	15.030	3	5.010	0.915	0.433
	组内	4246.574	776	5.472		
	总体	4261.604	779			
组织政治	组间	349.907	3	116.636	12.247	0.000
	组内	7342.501	771	9.523		
	总体	7692.408	774			

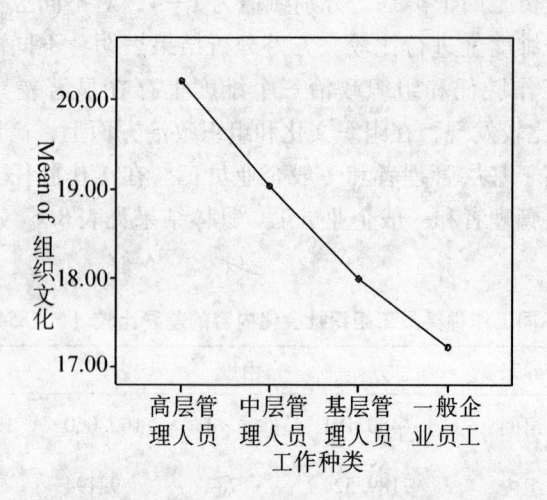

图 8.7 不同工作种类的员工在组织文化社会化维度上的差异比较

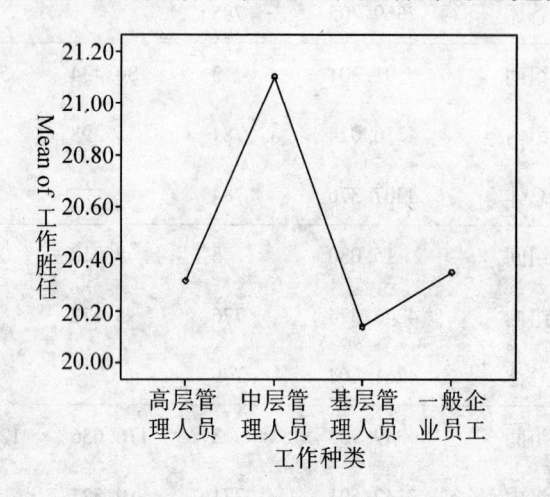

图 8.8 不同工作种类的员工在工作胜任社会化维度上的差异比较

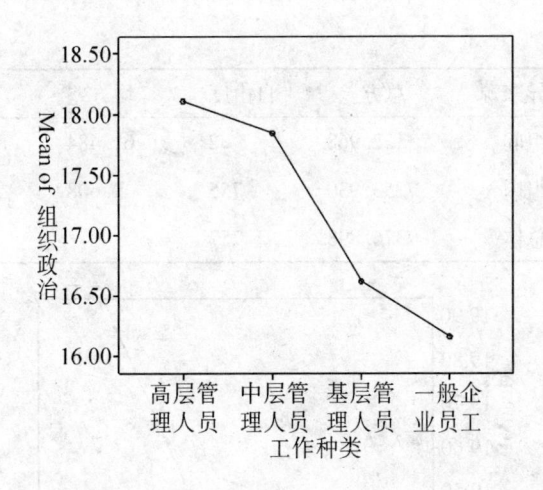

图 8.9　不同工作种类的员工在组织政治社会化维度上的差异比较

（六）不同企业性质的员工比较

对于企业性质的划分，本研究按照样本取样的范围，区分为民营企业、外资企业和国有企业，分别赋值为 1—3。对不同企业性质的员工在组织社会化四个维度间的比较分析，方差分析结果表明，不同企业性质的员工在组织社会化的两个维度上存在显著差异：人际关系社会化和组织政治社会化（如表 8.1 所示）。进一步通过多重比较分析发现，对人际关系社会化而言，国有企业显著高于外资企业。对组织政治社会化而言，国有企业均高于民营企业和外资企业，具体结果见表 8.7、图 8.10、图 8.11 所示。

表 8.7　不同企业性质员工组织社会化内容的差异比较（N=854）

项目	变异来源	总方差	自由度	均方差	F 值	显著性
组织文化	组间	33.305	2	16.653	1.706	0.182
	组内	7475.527	766	9.759		
	总体	7508.832	768			
工作胜任	组间	14.540	2	7.270	1.357	0.258
	组内	4093.171	764	5.358		
	总体	4107.711	766			
人际关系	组间	34.833	2	17.417	3.323	0.037
	组内	3983.877	760	5.242		
	总体	4018.710	762			

续表

项目	变异来源	总方差	自由度	均方差	F 值	显著性
组织政治	组间	122.968	2	61.484	6.399	0.002
	组内	7253.930	755	9.608		
	总体	7376.898	757			

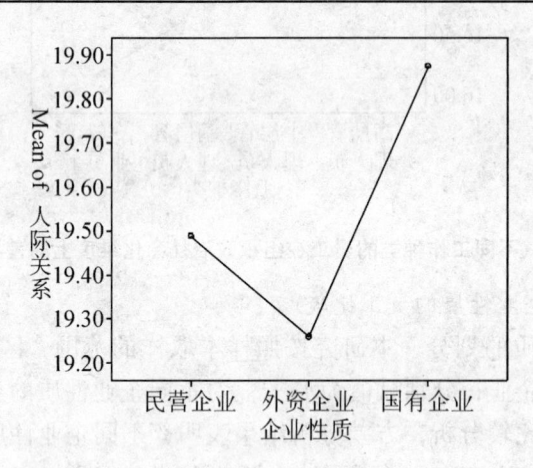

图 8.10 不同企业性质的员工在人际关系社会化维度上的差异比较

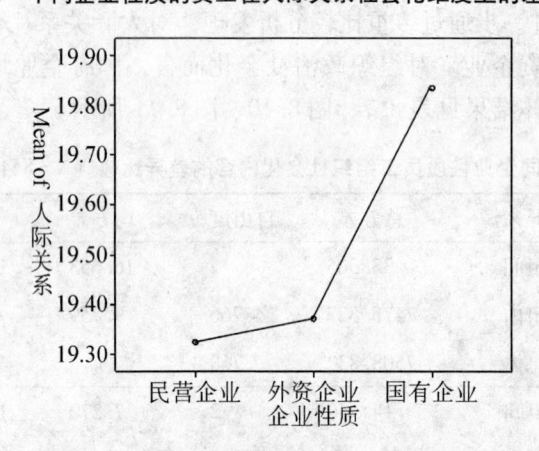

图 8.11 不同企业性质的员工在组织政治社会化维度上的差异比较

四 讨论

通过对不同人口学特征、不同组织背景员工的组织社会化差异比较，可以看出，在所探讨的人口学特征变量和组织学特征变量中，员工组织社会化都存在显著差异，本研究所提出的研究假设得到了验证。

具体而言，在性别方面，男性组织政治社会化得分明显高于女性（t = 4.081，p < 0.001）。考虑到本研究的对象是企业员工，男性数量比例又占很大优势，同时他们也是企业权力和地位等各种利益之争的主体。相对于女性而言，男性是一个优势群体，因此他们的组织政治社会化水平较高，这在中国文化背景下表现尤为明显。研究结果与加德纳和兰伯特（Gardner 和 Lambert，1993）的结论存在差异，他们通过对2000名大学毕业生研究发现，管理职位的女性在上司及同事的人际关系、工作绩效等五个社会化方面比男性高。其原因我们认为主要归结为研究对象的差异，后者主要针对管理职位而言。此外，总体比较而言，在性别方面，员工组织社会化程度不存在显著差异，这和汤米纳（Taormina，1998）研究结果存在一致。

在年龄方面，不同年龄阶段的员工在组织文化（F = 5.994，p < 0.001）和工作胜任（F = 3.559，p < 0.05）两个维度上存在显著差异。其中，25岁以下的员工对组织文化和工作胜任的社会化程度均低于26—35岁和36—45岁之间的员工。一方面，25岁以下的员工属于20世纪80年代的新型员工，他们的独立价值观和情绪变化大等特质决定了他们不喜欢约束，强调自我实现，主要考虑自己，自己怎么想就怎么做，受纪律约束小。加之他们入职时间短，很难对企业文化的深层含义有清晰的认识。另一方面，工作胜任存在显著差异，反映出35岁左右的员工是目前企业员工的主体，这是因为35岁左右的员工学习目标定向很高，他们的能力和素质自然能够适应组织和工作的需要，这和我国企业的具体实际相符合。

在教育程度方面，不同教育程度的员工在组织文化、工作胜任和组织政治3个社会化方面存在显著差异。其中，在组织文化维度上，高中以下和高中或中专的均低于大专和本科以上的员工。工作胜任方面，高中或中专的员工显著低于大专、本科以上教育程度的员工。组织政治方面，高中以下的员工显著低于其他3类教育程度的员工。这表明，受教育程度高的员工，其工作能力较好，对组织文化的理解较为深刻。此外，由于受教育程度高的员工，在组织中其心理预期比较高，对自己在组织中的发展和定位比较关心，因此，他们会主动积极地了解组织中有利于发展或升迁的人与事，因为表现较高的组织政治社会化程度。

在组织社会化研究中，有关工作年限是否影响员工的组织社会化程度，研究者存在不同的结论，有研究表明工作年限对员工组织社会化程度影响甚微（Chao 等，1994），也有认为工作年限对组织社会化有显著影响（t = 4.29，p < 0.01）（Haueter 等，2003）。通过方差分析，本研究发现，不同工作年限

的员工在组织文化和工作胜任两个维度上存在显著差异。这是因为工作年限长的员工有更多的时间或机会获得相应的工作技能，能够通过观察进而接纳和适应所在组织的主要价值观，因此有较长工作年限的员工常被视为有更好的社会化程度。研究结果不仅表明工作年限可以作为衡量员工组织社会化程度的指标之一，同时也表明员工组织社会化过程是一个学习的结果。

对不同工作种类的企业员工而言，方差分析表明在组织文化、工作胜任和组织政治3个维度上存在显著差异。其中，在组织文化和组织政治方面，高层管理者和中层管理者均显著高于基层管理者和一般企业员工；在工作胜任方面，中层管理者显著高于基层管理者和一般企业员工。研究结果和企业实际情况比较符合，这是因为企业中高层管理者对企业文化有一定程度的影响，他们通过言行举止，把行为准则渗透到组织中去（Robbins，2001），对企业规范和价值观的执行，他们必须以身作则。同时，中高层管理者，尤其是中层管理者，他们必须十分艺术性地处理组织中不同部门、不同层级间的事务，因此在对组织政治理解和把握上高于基层管理者和一般企业员工。

对国有企业、外资企业和民营企业中员工组织社会化维度的比较发现，在人际关系维度上，国有企业的员工得分高于外资企业的员工，在组织政治维度上，国有企业员工得分均高于民营企业和外资企业。事实上，尽管我国国有企业人事改革走过多年艰难历程，但人际关系错综复杂，组织中的各种无形权力分配和非正式的关系网络是决定管理者争取支持、推行政策、完成任务等方面的关键因素之一。这也注定了国有企业员工对组织政治和人际关系两个方面比较关注。

五 小结

本研究通过方差分析和多重比较分析发现：

1. 不同性别的企业员工在组织政治社会化维度上存在显著差异，男性组织政治社会化得分高于女性。

2. 不同年龄的企业员工在组织社会化内容上的差异表现在组织文化和工作胜任两个维度上。

3. 不同教育程度的员工在组织文化、工作胜任和组织政治三个社会化方面存在显著差异。

4. 不同工作年限的员工在组织文化和工作胜任两个维度上存在显著差异。

5. 不同工作种类的员工在组织文化、工作胜任和组织政治三个维度上存在显著差异。

6. 不同企业性质的员工在人际关系和组织政治两个维度上存在显著差异。

第九章 研究结论与展望

一 研究的主要结论

（一）关于我国企业员工组织社会化4因素结构模型

在文献分析、小组讨论和访谈的基础上，通过对全国14个城市近35家企业的1200多名员工进行问卷调查，运用探索性因素的方法探讨了企业员工组织社会化的内容结构。研究结果表明，企业员工组织社会化内容结构包括4个维度，即组织文化社会化、工作胜任社会化、人际关系社会化和组织政治社会化。采用结构方程模型中的验证性因素分析方法，对探索性因素分析所得出的4因素模型结论进行验证，结果表明，数据拟合较为理想。由此可见，员工组织社会化内容结构主要表现为上述4个维度。本研究所研制的员工组织社会化内容结构问卷的信度和效度达到了心理测量学的要求，因此调查的结果是可信的、有效的。

（二）关于员工组织社会化的影响因素

运用典型相关分析方法探讨了员工组织社会化的影响因素，包括个体因素（内外控个性、主动个性）和组织因素（组织社会化策略）。结果表明：（1）在四对典型相关系数中，第一对和第二对典型相关系在0.05以上水平达到显著水平，其中以第一对典型相关系数值最大，$\rho = 0.526$。表明影响因素和组织社会化程度间的相关较为密切，在第一对典型变量中相关最高；（2）影响因素和组织社会化因素的两组典型变量抽取的变异数百分比以及典型冗余指数均以第一组的数值较大，第二组的数值较小，说明影响因素对组织社会化因素的影响主要表现在第一对典型变量上；（3）通过比较影响因素和组织社会化因素的标准化典型系数、典型负荷和典型交叉负荷，表明反映影响因素的第一典型变量主要是由主动个性和集体/个别社会化策略决定；反映组织社会化因素指标的第一典型变量主要是由组织人际关系、组织文化和工作胜任所决定。因此，影响因素和组织社会化因素间的相关主要表现为主动个性、集体/个别社会化策略与组织人际关系、组织文化和工作胜任间的相关；（4）通过比较两组典型冗余指数之和，表明员工越主动、组织越实施集体/个别社会化策略，则员工人际关系社会化、组织文化社会化和工作胜任社会化程度就越好。

（三）关于员工组织社会化对员工行为绩效等变量的影响

采用结构方程模型中的潜变量路径分析方法探讨了员工组织社会化程度和员工工作绩效、工作满意度、组织认同和离职意愿等后果变量的关系。研究结果表明：（1）员工组织文化社会化对员工的组织认同感有正向影响，同时组织文化通过组织认同间接影响员工的离职意愿；（2）员工工作胜任社会化对其工作绩效有显著正向影响；（3）员工人际关系社会化对其工作绩效和工作满意度均有显著正向影响，同时人际关系社会化通过员工工作满意度间接影响员工的离职意愿；（4）员工组织政治社会化对其组织认同有显著负向影响，对离职意愿有显著正向影响。同时，组织政治社会化通过组织认同间接影响员工的离职意愿。

（四）关于员工组织社会化内容对后果变量的中介作用

运用层次回归分析方法，探讨了组织社会化内容在组织社会化策略对员工心理、行为等后果变量影响过程中的中介作用。研究结果表明，组织社会化内容的学习在组织社会化策略和员工工作绩效间起完全中介作用，在组织社会化策略和工作满意度、组织认同间起部分中介作用，在组织社会化策略和员工离职意愿间不存在中介效果。研究结果部分证实了员工组织社会化是一个学习的过程。

（五）不同人口学、组织学变量在员工组织社会化上的差异

对不同人口学、组织学变量进行方差分析结果表明，不同人口学组织学的员工在组织社会化维度上存在显著差异，表现为：（1）不同性别的企业员工在组织政治社会化维度上存在显著差异，男性组织政治社会化得分高于女性；（2）不同年龄的企业员工在组织文化和工作胜任上存在显著差异，25岁以下的员工对组织文化和工作胜任的社会化程度均低于26—35岁和36—45岁之间的员工；（3）不同教育程度的员工在组织文化、工作胜任和组织政治三个维度上存在显著差异。高中或中专以下的员工在组织文化维度上低于大专以上的员工，高中或中专的员工在工作胜任维度上显著低于大专以上的员工，高中以下的员工在组织政治上低于其他3类教育程度的员工；（4）不同工作年限的员工在组织文化和工作胜任上存在显著差异。工作年限为1年以下的员工在组织文化上显著低于3年以上的员工，1年以下的员工在工作胜任上明显低于10年以上的员工，1—3年的员工低于5年以上的员工；（5）不同工作种类的员工在组织文化和工作胜任两个维度上存在显著差异。高层管理者和中层管理者在组织文化和组织政治方面均显著高于基层管理者和一般企业员工，中层管理者在工作胜任方面显著高于基层管理者和一般企业员工；

（6）不同企业性质的员工在人际关系和组织政治两个维度上存在显著差异。

二 研究的创新之处

本研究具有两方面的创新之处：

第一，员工组织社会化研究是近年来西方组织行为学和人力资源管理学研究领域的一个新亮点。国外对此研究已取得了一些突破性的进展，但国内在此方面的研究尚处于介绍国外相关研究的层面上，还没有开展组织社会化内容的结构研究。本研究结合中国文化的特点，以我国的企业员工为研究对象，通过实证研究，系统地探讨了员工组织社会化内容的结构。一方面在一定程度上是对国内组织社会化实证研究的填补，另一方面也丰富了组织社会化的理论研究成果，有利于今后该领域的研究工作的开展。

第二，本研究以企业员工为调查对象，采用定量分析和定性分析相结合的方法，系统地探讨了影响员工组织社会化的因素、组织社会化对员工心理和行为的影响、组织社会化内容在组织社会化过程中的机制。这些都是企业特别关注的内容，研究结果不仅对企业如何帮助新员工适应组织提供了理论指导，而且对我国企业改制或企业重组后如何解决员工适应问题以及企业如何建立学习型组织具有重要的理论参考价值。

三 对企业管理的建议

（一）针对员工组织社会化程度，设计合理的培训方案

组织培训是员工组织社会化的主要形式之一。员工组织社会化需要根据其自身发展去学习和掌握不同的组织信息。因此，组织应根据员工个性、培训的时间和培训内容的本质设计合理的、权变性的培训方案，以促进员工对组织的调适。

（二）建立真正的学习型组织

员工组织社会化过程是一个持续的学习过程，本研究也证实了此观点。因此，对组织而言，组织应该建立一个"从做中学（learning by doing）"的机制以加速员工组织社会化的速度，即建立良好的学习型组织。通过在组织内建立知识网络，使员工处在能够随着组织变革、技术进步或职业升迁而不断学习的良好环境。员工能够从组织内外的多种不同渠道获得他们所需要的知识和技能，能够开诚布公地和其他同事分享他们的知识和技能。这样，才能保障个人目标和组织目标的顺利实现。

（三）组织社会化策略要和组织人力资源管理战略结合

员工组织社会化有效性是一个宽泛的定义，包括个体水平变量和组织水

平变量。事实上，组织对员工实施社会化策略不仅要使个体适应组织，也要协调个体对组织目标的达成，即促使组织目标的实现。因此，在设计良好的组织社会化项目的时候，不仅要考虑员工的态度，也要考虑到公司的使命和目标。只有将组织社会化策略和公司人力资源管理战略相结合，才能有助于组织更有效地实施组织社会化项目，进而加速公司整个目标的实现。这就要求组织首先要识别出公司所追求的战略和实现战略过程中所需要的员工信息，从而制定最可能产生组织所期望行为的组织社会化项目。

（四）组织应重视导师方案对员工组织社会化的作用

员工社会化过程中，组织应策略性地提供给员工角色榜样，这些角色榜样具有员工想学习和模仿的一些个人特征、态度和行为，而且角色榜样作为成功榜样、激励榜样和生存榜样，可以看做是员工社会化过程中获得知识和技能的源泉。此外，随着20世纪和21世纪员工主动管理职业生涯的渐增，员工应该在组织不同层面/水平上寻求导师指引，组织也应有效利用上司、有经验的成员、正式/非正式的导师方案等，以利于新员工学习组织中的诀窍。

（五）对新员工组织社会化要和组织激励相结合

激励是现代人力资源管理中最基本、最重要的职能，是指通过高水平的努力实现组织的意愿，而这种努力以能够满足个体某些需要和动机为条件。事实上，根据双因素激励理论，组织社会化过程本身是保健因素，它和员工工作环境质量的指标存在正相关，而工作本身的本质更多的是激励因素。因此，组织应在充分分析不同类型新员工的工作动机基础上，采用差异化的激励方式，利用物质激励的同时，充分发挥非物质激励的效应。比如对具有一定工作经验并取得一定工作业绩的应聘者，应提供良好的生活条件和职业发展机会，或提供较好的薪酬福利；对刚刚毕业的大学生而言，企业应根据他们的职业兴趣和专业为其提供良好的发展、培训机会；对具有组织社会化一定程度的企业内部员工，他们对企业文化已经有相当程度的内化，对其在新工作岗位上，激励应侧重绩效考核给予相应的成就与物质激励。

四 研究的不足与展望

尽管本研究对员工组织社会化研究做了一些实证性、前瞻性的探索，但是也存在一些需要进一步改进之处，具体表现为：

第一，本研究的样本取样存在一定的偏态，样本容量尚不足够大。

由于时间、精力和调查网络的制约，本研究未能在全国进行严格抽样，而是更多地采取了方便取样的抽样方法，企业所属行业性质的代表性也需要商榷。尽管多元统计分析方法在一定程度上弥补了取样的不足，但结论的推广性尚需要通过更多的调查研究来加以检验。因此，未来研究应该设法拓宽取样的渠道和区域，进行更深入的探讨，使研究结论更具有说服力和普遍性。

第二，应采用更多研究方法来对结果进行验证。

本研究为横向研究，只是根据变量在心理上的定位先后，并运用结构方程的方法对各变量的因果关系进行推断，所以，得出的因果关系尚需要进一步验证。对社会行为科学而言，因果关系的呈现是基于理论的辨识。科学哲学对因果关系问题曾经有许多的讨论，一般而言，学者认为建立因果关系有4种标准，即（1）原因变量在时间上必须先于结果变量；（2）两个变量间需有充分的连接；（3）无关的影响变量必须被排除；（4）因果关系必须具备相当的理论基础（Bagozzi, 1980; Bullock, Harlow, & Mulaik, 1994; Bollen, 1989; Hair 等, 1998）。很显然，要符合上述条件关键是研究设计（research design），而不是统计技术。由于组织社会化是一个伴随员工职业生涯的过程，因此，在以后的研究中要以更紧密的理论思维，采用实验室研究、纵向研究以及案例研究等多种方法结合，以便更进一步深入理解员工组织社会化的本质和作用机制。

第三，研究变量的自我评价。

研究中涉及的前因变量和后果变量，主要是采取员工自评的主观方式。如果采用一些比较客观的测量，如上司对员工工作绩效、社会化程度的评价，能够克服研究中被试的虚假效应，研究结论将会更有说服力。

第四，研究涉及的变量需要进一步扩展。

由于精力、时间、水平所限，本研究只探讨了员工主动个性、内外控个性、组织社会化策略、工作绩效、工作满意、组织认同和离职意愿等因素和组织社会化程度的关系。未来研究中应该从更多的组织因素、个体因素以及组织社会化过程等方面探讨与组织社会化内容的关系，从而为企业实施干预性培训员工提供更多的参考依据。

参考文献

[1] 凌文辁、方俐洛著：《心理与行为测量》，机械工业出版社 2003 年版。

[2] 凌文辁主编：《领导与激励》，机械工业出版社 2002 年版。

[3] 凌文辁、方俐洛主编：《英汉心理学词典》，机械工业出版社 2000 年版。

[4] 龙立荣：《职业生涯管理的结构及其关系研究》，中科院心理所博士论文，2001 年。

[5] 于海波：《企业组织学习结构及其多层面作用的研究》，中科院心理所博士论文，2004 年。

[6] 钱颖：《企业员工组织社会化因素结构及其与行为绩效关系的探讨》，暨南大学硕士论文，2004 年。

[7] 张辉华：《管理者的情绪智力及其与工作绩效的关系研究》，暨南大学博士论文，2006 年。

[8] 李怀祖著：《管理研究方法论》（第 2 版），西安交通大学出版社 2004 年版。

[9] 郑杭生主编：《社会学概论新修》，中国人民大学出版社 2003 年版。

[10] 黄育馥著：《人与社会—社会化在美国》，辽宁人民出版社 1986 年版。

[11] 费孝通主编：《社会学概论》天津人民出版社 1984 年版。

[12] 奚从清、沈赓方主编：《社会学原理》，浙江大学出版社 1989 年版。

[13] 郭志刚主编：《社会统计分析方法——SPSS 软件应用》，中国人民大学出版社 2001 年版。

[14] 柯惠新、祝建华、孙江华编著：《传播统计学》，北京广播学院出版社 2003 年版。

[15] 张文彤主编：《SPSS 统计分析高级教程》高等教育出版社 2004 年版。

[16] 侯杰泰、温忠麟、成子娟著：《结构方程模型及其应用》，教育科学出版社 2004 年版。

[17] 陈正昌、程炳林、陈新丰、刘子键合著：《多变量分析方法——统计软体应用》，台北五南图书出版公司2005年版。

[18] 邱皓政著：《结构方程模式：LISREL的理论技术与应用》，台北双叶书廊有限公司2004年版。

[19] 周晓虹主编：《中国社会与中国研究》社会科学文献出版社2004年版。

[20] [美] 沃克著：《人力资源管理》，吴雯芳译，中国人民大学出版社2001年版。

[21] [美] 波普诺著：《社会学》（第10版），李强等译，中国人民大学出版社1999年版。

[22] [美] 墨顿著：《社会研究与社会政策》，林聚任等译，北京三联书店2001年版。

[23] [美] 菲尔德著：《工作评价—组织诊断与研究实用量表》，阳志平等译，中国轻工业出版社2004年版。

[24] [美] 罗宾斯著：《组织行为学精要》（第6版），郑晓明译，电子工业出版社2002年版。

[25] [美] 彼得·圣吉著：《第五项修炼—学习型组织的艺术与实务》，郭进隆译，上海三联出版社1995年版。

[26] [美] 德鲁克著：《管理的实践》，齐若兰译，机械工业出版社2006年版。

[27] 凌文辁、张治灿、方俐洛著：《中国职工组织承诺研究》，载《中国社会科学》2001年第2期，节90—102期。

[28] 凌文辁、陈龙、王登著：《CPM领导行为量表的建构》，载《心理学报》1987年第19期，第199—207页。

[29] 王明辉、凌文辁、方俐洛著：《后企业改制背景下的人力资源管理问题及对策》，载《商业时代》2005年第35期，第34—35页。

[30] 王明辉、凌文辁、方俐洛著：《员工组织社会化研究的概况》，载《心理科学进展》2006年第14期，第722—728页。

[31] 陆昌勤、凌文辁、方俐洛著：《管理自我效能感与一般自我效能感的关系》，载《心理学报》2004年第36期，第586—592页。

[32] 谭亚莉、廖建桥著：《员工组织社会化理论的研究进展》，载《人类工效学》2004年，第10、38—43页。

[33] 陈维政、胡豪著：《员工—组织匹配中的新员工社会化》，载《西

南民族大学学报》(人文社科版) 2003 年第 24 期, 第 11—15 页。

[34] 温忠麟、候杰泰、张雷著:《调节效应与中介效应的比较和应用》, 载《心理学报》2005 年第 37 期, 第 268—274 页。

[35] 温忠麟、张雷、候杰泰、刘红云著:《中介效应检验程序及其应用》, 载《心理学报》2004 年第 36 期, 第 614—620 页。

[36] Aankwe U. P. , Greenhaus J . H. , Effective socialization of employees: socialization content perspective. Journal of Managerial Issue, 1999, 11 (3): 315—329.

[37] Abdolmohammadi M. J. , Read W. J. , Scarbrough D. P. , Does selection‐socialization help to explain accountant, s weak ethical reasoning? Journal of Business Ethics, 2003, 42: 7—81.

[38] Adkins C. L. , Previous work experience and organizational socialization: a longitudinal examination. Academy of Management Journal, 1995, 38 (3): 839—862.

[39] Allen B. J. Feminist standpoint theory: a black woman, s (re) view of organizational socialization. Communication Studies, 1996, 47 (4): 257—271.

[40] Allen D. G. Do organizational socialization tactics influence newcomer embeddedness and turnover? Academy of Management Best Conference Paper, 2004.

[41] Allen T. D. , McManus S. E. , Russell E. A. Newcomer socialization and stress: formal peer relationships as a source of support. Journal of Vocational Behavior, 1999, 54: 453—470.

[42] Allen N. J. , Meyer J. P. , Organizational socialization tactics: a longitudinal analysis of links to newcomers, commitment and role orientation. Academy of Management Journal, 1990, 33 (4): 84—858.

[43] Anderson J. C. , Gerbing D. W. , Structural equation modeling in practice: a review and recommended two step approach. Psychological Bulletin, 1988, 103 (3): 411—423.

[44] Anderson N. Towards a theory of socialization impact: selection as pre‐entry socialization. International Journal of Selection and Assessment, 2001, 9 (1/2): 84—91.

[45] Ashforth B. E. Saks A. M. Socialization tactics: longitudinal effects on newcomer adjustment. Academy of Management Journal, 1996, 39: 149—178.

[46] Ashforth B. E., Saks A. M., Lee R. T., On the dimensionality of Jones (1986) measures of organizational socialization tactics. International Journal of Selection and Assessment, 1997, 5 (4), 200—214.

[47] Ashforth B. E., Saks A. M., Lee R. T. Socialization and newcomer adjustment: the role of organizational context. Human Relations, 1998, 51 (7): 897—926.

[48] Bandura A. Social cognitive theory: an agentic perspective. Annual Review of Psychology, 2001, 52: 1—26.

[49] Bateman T. S., Crant J. M. The proactive component of organizational behavior: a measure and correlates. Journal of Organizational Behavior, 1993, 14 (2): 103—118.

[50] Baron R. M., Kenny D. A. The moderator – mediator variable distinction in social psychological research: conceptual, strategic, and statistical considerations. Journal of Personality and Social Psychology, 1986, 51, 1173—1182.

[51] Becker B. W., Connor P. E. Self – selection or socialization of public and private – sector managers? A cross – cultural values analysis. Journal of Business Research, 2005, 58: 111—113.

[52] Black J. S. Socialization American expatriate managers overseas tactics, tenure, and role innovation. Group & Organization Management, 1992, 17 (2): 171—192.

[53] Black J. S., Ashford S. J. Fitting in or making jobs fit: factors affecting mode of adjustment for new fires. Human Relation, 1995, 48 (4): 421—437.

[54] Ballard A., Blessing L. Organizational socialization through employee orientations at North Carolina State university libraries. College & Research Libraries, 2006, 67 (3): 240—248.

[55] Bogler R., Anit S. Motives to study and socialization tactics among university students. The Journal of Social Psychology, 2002, 142 (2): 233—248.

[56] Cardon M. S. Organizational socialization knowledge integration of newcomers: the role of anticipated tenure. 2001, Columbia University.

[57] Chan D., Schmitt N. Interindividual differences in intraindividual changes in proactivity during organizational entry: a latent growth modeling approach to understanding newcomer adaptation. Journal of Applied Psychology, 2000, 85: 90—210.

[58] Chao G. T. Complexities in international organiztionl socialization. International Journal of Selected and Assessment, 1997, 5 (1): 9—13.

[59] Chao G. T., et al. Organizational socialization: its content and consequences. Journal of Applied Psychology, 1994, 79: 730—743.

[60] Chao G. T., Walz P. M., Gardner P. D. Formal and informal mentorships: a comparison on mentoring functions and contrast with nonmentored counterparts. Personnel Psychology, 1992, 45 (30): 619—636.

[61] Chatman J. A. Matching people and organizations: selection and socialization in public accounting firms. Administrative Science Quarterly, 1991, 36: 459—484.

[62] Cooper—Thomas H. D., Anderson N. Newcomer adjustment: the relationship between organizational socialization tactics, information acquisition and attitudes. Journal of Occupational and Organizational Psychology, 2002, 75: 423—437.

[63] Cooper - Thomas H. D., Anderson N. Organizational socialization: a field study into socialization success and rate. International Journal of Selection Assessment, 2005, 13 (2): 116—128.

[64] Cooper - Thomas H. D., Anderson N. Organizational socialization: a new theoretical model and recommendations for future research and HRM practices in organizations. Journal of Managerial Psychology, 2006, 21 (5): 492—516.

[65] Eldredge B. D. Some thing not considered: evolution of a model of career enhancing strategies and content innovation with respect to organizational socialization. Journal of Vocational Behavior, 1995, 46: 266—273.

[66] Eugene Baker III. H. Employee socialization strategies an the presence of union representation. Labor Studies Journal, 1992, 17 (1): 5—17.

[67] Eugene Baker III . H., Feldman D. C. Linking organizational socialization tactics with corporate human resource management strategies. Human Resource Management Review, 1991, 1 (3): 193—202.

[68] Feldman D. C. A contingency theory of socialization. Administrative Sciences Quarterly, 1976, 21: 433—452.

[69] Feldman D. C. A practical program for employee socialization. Organizational Dynamics, Autumn, 1976: 64—80.

[70] Feldman D. C, Bolino M. C. The impact of on - site mentoring on expa-

triate socialization: a structural equation modeling approach. The International Journal of Human Resource Management, 1999, 1 (1): 54—71.

[71] Feldman D. C. , Folks W. R. , Turnley W. H. Mentor – protégé diversity and its impact on international internship experiences. Journal of Organizational Behavior, 1999, 20: 597—611.

[72] Ferris G. R. , et al. Political skill at work. Organizational Dynamics, 2000, 28: 25—37.

[73] Filstad C. How newcomer use role models in organizational socialization. Journal of Workplace Learning, 2004, 16 (7): 396—409.

[74] Finkelstein L. M. , Kulas J. T. , Dages K. D. Age differences in proactive newcomer socialization strategies in two populations. Journal of Business and Psychology, 2003, 17 (4): 473—502.

[75] Fisher C. D. Organizational socialization: an integrative review. In Rowland K. M, Ferris G. R. (Eds) Research in Personnal and Human Resources Management. Greenwich, CT: JAI Press. 1986, 4: 101—145.

[76] Flanagin A. J. , Waldeck J. H. Technology use and organizational newcomer socialization. Journal of Business Communication, 2004, 41 (2): 137—165.

[77] Fogarty T. J. , Dirsmith M . W. Organizational socialization as instrument and symbol: an extended institutional theory perspective. Human Resource Management Quarterly, 2001, 12 (3): 247—266.

[78] Green S. G. Professional entry and the adviser relationship socialization, commitment, and productivity. Group & Organizational Studies, 1991, 16 (4): 387—407.

[79] Griffin A. E. C. , Colella A. , Goparaju S. G. Newcomer and organizational socialization tactics: an interactionist perspective. Human Resource Management Review, 2000, 10 (4): 453—474.

[80] Grnman J. A. , Saks A. M. , Zweig D. I. Organizational socialization tactics and newcomer proactive behaviors: an integrative study. Journal of Vocational Behavior, 2006, 69 (1): 90—104.

[81] Guimond S. Group socialization and prejudice: the social transmission of intergroup attitudes and beliefs. European Journal of Social Psychology, 2000, 30: 335—354.

[82] Hart Z. P. , Miller V. D. , Johnson J. R. Socialization, resocialization, and communication relationships in the context of an organizational change. Communication Studies, 2003, 54 (4): 483—495.

[83] Hart Z. P. , Miller V. D. Context and message content during organizational socialization: a research note. Human Communication Research, 2005, 31 (2): 295—309.

[84] Heimann B. , Pittenger K. K. The impact of formal mentorship on socialization and commitment of newcomers. Journal of Managerial Issues, 1996, 8 (1): 108—117.

[85] Holton III . E. F. New employee development tactics: perceived availability, helpfulness and relationship with job attitudes. Journal of Business and Psychology, 2001, 16 (1): 73—85.

[86] Holton III. F. F. , Raussell. C. J. The relationship of anticipation to newcomer socialization processes and outcomes: a pilot study. Journal of Occupational and Organizational Psychology, 1997, 70: 163—172.

[87] Haueter J. A. , et al. Measurement of newcomer socialization: construct validation of a multidimensional scale. Journal of Vocational Behavior, 2003, 63: 20—39.

[88] Iles P. , Mabey C. Managerial career development programmes: effectiveness, availability and acceptability. British Journal of Management, 1993, 4 (2): 103—118.

[89] Irene Hau - Siu Chow. Organizational socialization and career success of Asian managers. The International Journal of Human Resource Management, 2002, 13 (4): 720—737.

[90] James J. B. Theory comparison: uncertainty reduction, problematic integration, uncertainty management, and other curious constructs. Journal of Communication, 2001, 51 (3): 456—476.

[91] Jaskyte K. The impact of organizational socialization tactics on role ambiguity and role conflict of newly hired socials workers. Administratin in Social Work, 2005, 29 (4): 69—87.

[92] Jones G. R. Socialization tactics, self - efficacy, and newcomers adjustments to organizations. Academy of Management Journal, 1986, 29: 262—279.

[93] J. reskog G. , S. rbom D. Lisrel8: uesr, s reference guide. Scientific

Software International, Inc. Chicago. 1996.

[94] Kammeyer – Mueller J. D, Wanberg C. R. Unwrapping the organizational entry process: disentangling multiple antecedents and their pathways to adjustment. Journal of Applied Psychology, 2003, 78: 173—183.

[95] Kelloway E. K. Using LISREL for structural equation modeling: a researcher's guide. California: SAGE, 1998.

[96] King R. C. , Sethi V. The impact of socialization on the role adjustment of information systems professionals. Journal of Management Information System, 1998, 14 (4): 199—217.

[97] Klein H. J. , Weaver N . A. The effectiveness of an organizational level orientation training program in the socialization of new hires. Personnel Psychology, 2000, 53: 4—66.

[98] Kraimer M. L. Organizational goals and values: a socialization model. Human Resource Management Review, 1997, 7 (4): 425—447.

[99] Kram K. E. Phases of the mentor relationship. Academy of Management Journal, 1983, 26: 608—625.

[100] Liden R. C. , et al. An examination of the role of personality in socialization. Paper presented at the national meetings of the Society for Industrial and Organizational Psychology, Chicago, Illinois. 2004, April.

[101] Louis M. R. Surprise and sense making: what newcomers experience in entering unfamiliar organizational settings. Administrative Science Quarterly, 1980, 25: 226—251.

[102] Lueke S. B. , Svyantek. D. J. Organizational socialization in the host country: he missing link in reducing expatriate turnover. The International Journal of Organizational Analysis, 2000, 18 (4): 380—400.

[103] Major D. A. , et al. A longitudinal investigation of newcomer expectations, early socialization outcomes, and the moderating effects of role development factors. Journal of Applied Psychology, 1995, 80 (3): 418—431.

[104] Miller V. D. , Jablin F. M. Information seeking during organizational entry: Influences, tactics, and a model of the process. Academy of Management Review, 1991, 16: 92—120.

[105] Mitus J. S. Organizational socialization from a content perspective and its effect on the affective commitment of newly hired rehabilitation counselors. Journal of

Rehabilitation, 2006, 72 (2): 12—20.

[106] Morrison E. W. Longitudinal study of the effects of information seeking on newcomer socialization. Journal of Applied Psychology, 1993 (a), 78 (2): 173—183.

[107] Morrison E. W. Newcomer information seeking: exploring types, modes, sources, and outcomes. Academic of Management Journal, 1993 (b), 36 (3): 557—589.

[108] Morrison E. W. Newcomers, relationships: the role of social network ties during socialization. Academy of Management Journal, 2002, 45 (6): 1149—1160.

[109] Ostroff C., Kozlowski S. W. Organizational socialization as a learning process: the role of information acquisition. Personnel Psychology, 1992, 45 (4): 849—874.

[110] Pazy A. Joint responsibility: the relationships between organizational and individual career management and the effectiveness of careers. Group & Organization Studies, 1988, 13 (3): 311—331.

[111] Peterson M. F. Cultural socialization as a source of intrinsic work motivation. Group & Organization Management, 2003, 28 (2): 188—216.

[112] Riddle B. L., Anderson C. M., Martin, M. M. Small group socialization scale development and validity. Small Group Research, 2000, 31 (50): 554—572.

[113] Riordan C. M., et al. The effects of pre-entry experience and socialization tactics on newcomer attitudes and turnover. Journal of Managerial Issue, 2001, 13 (2): 159—176.

[114] Rollang K. The impact of relative tenure on newcomer socialization dynamics. Journal of Organizational Behavior, 2004. 25: 853—872.

[115] Saks A. M., Ashforth B. E. Proactive socialization and behavioral self-management. Journal of Vocational Behavior, 1996, 48: 301—323.

[116] Saks A. M., Ashforth B. E. Organizational socialization: making sense of the past and present as a prologue for the future. Journal of Vocational Behavior, 1997, 51: 234—279.

[117] Saks A. M., Ashforth B. E. The role of dispositions, entry stressors, and behavioral plasticity theory in predicting newcomers, adjustment to work. Jour-

nal of Organizational Behavior, 2000, 21: 43—62.

[118] Schein E. H. Organizational socialization and the profession of management. Industrial Management Review, 1968, 9: 1—16.

[119] Selmer J. Antecedents of expatriate/local relationships: pre – knowledge vs socialization tactics. The International Journal of Human Resource Management, 2001, 12 (6): 916—925.

[120] Taormina R. J. The organizational socialization inventory. International Journal of Selection and Assessment, 1994, 2: 133—145.

[121] Taormina R. J. Organizational socialization: a multidomain, continuous process model. International Journal of Selection Assessment, 1997, 5 (1): 29—47.

[122] Taormina R. J. Employee attitudes toward organizational socialization in the People, s Republic of China, Hong Kong, and Singapore. The Journal of Applied Behavioral Science, 1998, 34 (4): 468—485.

[123] Taormina R. J. Predicting employee commitment and satisfaction: the relative effects of socialization and demographics. The International Journal of Human Resource Management, 1999, 10 (6): 1060—1076.

[124] Taormina R. J. Convergent validation of two measures of organizational socialization. The International Journal of Human Resource Management, 2004, 15: 76—94.

[125] Taormina R. J., Bauer T. N. Organizational socialization in two cultures: results from the United States and Hong Kong. The International Journal of Organizational Analysis, 2000, 8 (3): 262—289.

[126] Taormina R . J., Law C. M. Approaches to preventing burnout: the effects of personal stress management and organizational socialization. Journal of Nursing Management, 2000, 8: 89—99.

[127] Thomas H. D. C., Anderson N. Changes in newcomers psychological contracts during organizational socialization: a study of recruits entering the British Army. Journal of Organizationaal Behavior, 1998, 19: 745—767. [128] Tidwell M., Sias P. Personality and information seeking: understanding how traits influence information – seeking bebaviors. Journal of Business and Communication, 2005, 42 (1): 51—77.

[129] Timothy A. J. Socialization and organizational outcomes in large public

accounting firms. Journal of Managerial Issues, 2000, 12: 13—33.

[130] Tung Liang Hsiung, An Tien Hsieh. Newcomer socialization: the role of job standardization. Public Personnel Management, 2003, 32 (4): 579—589.

[131] Turban D. B. , Dougherty T. W. Role of protégé personality in receipt of mentoring and career success. Academy of Management Journal, 1994, 37 (1): 688—702.

[132] Van Maanen J, Schein E. H. Toward a theory of organizational socialization. Research in Organizational Behavior, 1979, 1: 209—264.

[133] Van Maanen J. People processing: strategies of organizational socialization. Organizational Dynamics, Summer, 1978: 19—6.

[134] Whitely W. , Dougherty T. W. , Dreher G. F. Relationship of career mentoring and socioeconomic origin to managers and professionals early career progress. Academy of Management Journal, 1991, 34 (2): 331—350.

附录一 访谈提纲

尊敬的_____先生/女士：

  您好！非常感谢您参与此项调查！

  这是一份关于员工社会化程度的学术研究调查问卷，目的是了解当员工进入某一企业并成为其成员的过程中，需要不断进行哪些方面的学习、调整，才能达到适应其所在企业的价值体系、认同企业目标和行为规范，从而能较好地适应该企业。本研究诚需您的宝贵意见，您的协助对本研究的成功有关键性的影响。您的回答将仅供研究者进行学术分析。本调查以不记名方式填写，所以请您不要有任何顾虑、请认真、如实、独立地填写。

  对您的热心协助，致以诚恳的谢意！

在回答问题前，请您填写以下信息（在符合您情况的选项下画√）：

性别：男（ ）　　女（ ）　　　工作年限：_____年

学历：高中或中专（ ）　大专（ ）　本科（ ）　硕士或博士（ ）

企业性质：国有企业（ ）　　民营企业（ ）　　三资企业（ ）
　　　　　政府部门（ ）　　事业单位（ ）　　其他性质_____

请仔细阅读下列问题，然后请您尽可能详尽写出10条您的想法！

1. 如果一名员工进入并适应您所在的单位，他（她）需要了解贵单位哪些方面的情况？

①_____　　②_____
③_____　　④_____
⑤_____　　⑥_____
⑦_____　　⑧_____
⑨_____　　⑩_____

2. 如果一名员工进入并适应您所在的单位，他（她）需要做哪些方面的调整或改变（如语言、观念、行为等）？

①_____　　②_____
③_____　　④_____

⑤_____   ⑥_____
⑦_____   ⑧_____
⑨_____   ⑩_____

附录二 研究采用的问卷

完全　不符合　不太　有些　比较　非常
不符合　　　　符合　符合　符合　符合

一　员工组织社会化内容问卷（部分）

1. 我了解单位创建和发展的历史
2. 清楚所在单位的价值观
3. 我知道如何有效率地完成自己的工作
4. 我掌握完成工作所需要的技能技巧
5. 了解有关自己的工作职责
6. 与单位同事关系融洽
7. 我在单位里比较受欢迎
8. 我把同事当成自己的朋友
9. 我了解单位中的某些"潜规则"
10. 我了解谁是单位最有影响力的人

完全　不同意　不太　有些　比较　非常
不同意　　　　同意　同意　同意　同意

二　集体的与个别的组织社会化策略

1. 当我被聘用时，我需要不断地和其他员工一起参加相关的工作培训活动
2. 与其他同事互相学习，可以帮助我去了解工作上的需求
3. 单位给员工提供标准化的培训程序
4. 我的职前训练，大部分是与其他新进员工一起进行
5. 单位员工心中具有"同舟共济共患难"的观念

三　固定的与变动的组织社会化策略

1. 观察其他人的经验，能预测未来我在这个单位的职业生涯

2. 我了解单位在不同阶段所安排的培训课程
3. 在单位，员工的发展与升迁途径有固定的时间表
4. 我清楚知道单位在什么时候会有新的工作分派或培训课程
5. 有关未来可能发生在我身上的事，大部分是经过上司告知，而不是通过小道消息获得的

四　伴随的与分离的组织社会化策略

1. 在单位里，有经验的员工把训练新员工视为他们的主要职责之一
2. 从较资深的同事那里，可以了解我在单位所应扮演的角色
3. 从较有经验的同事那里，可以获得一些有关该如何做好工作的指引
4. 我能够和曾经在单位内担任我目前职务的人接触
5. 根据单位的任务分派，我可以了解我在单位扮演的角色

五　绩效评估问卷

1. 和同事相比，我的工作成绩比较优秀
2. 我的领导对我的工作成绩比较满意
3. 同事对我的工作成绩评价比较高
4. 我的工作成绩经常受到单位的表扬

六　员工满意感问卷

1. 我对我的工作岗位感到非常满意
2. 我对我的工作报酬感到非常满意
3. 我对我的单位同事感到非常满意
4. 我对我的单位领导感到非常满意
5. 我对我在单位中的晋升情况感到非常满意

七　组织认同问卷

1. 愿意站出来维护单位的名誉
2. 我想告诉别人我们单位的好消息和澄清他们对单位的误会
3. 我愿意提出改善单位运作情况的积极建议
4. 我能积极参加单位的会议

八　员工离职意愿问卷

1. 我打算在不久的将来到别的单位去工作

2. 我没有放弃现有工作的意图（R）

3. 如有可能再做选择，我决不选择我现在的这个工作单位

九　内外控个性问卷

1. 当我得到我想要的东西时，通常都是因为我非常努力的结果

2. 如果我做计划，我一定要确定计划行得通

3. 我比较喜欢有一点靠运气的游戏，比较不喜欢完全需要技巧的游戏（R）

4. 只要我下定决心，我一定可以学到想学的东西

5. 我主要的成就完全是因为我的努力与能力

6. 我通常不设定目标，因为太花费时间（R）

7. 在竞争的环境下，会妨碍我的卓越表现（R）

8. 我觉得通常人们会有成就，只是因为侥幸（R）

9. 在做超过我能力以外的事情时，我觉得成功的机会不大（R）

十　主动个性问卷

1. 如果我看到不喜欢的事情，我会去改正它

2. 不管是什么事，只要我认为是对的，我就会去实现它

3. 我经常坚持我的观点，哪怕受到别人的反对

4. 我擅长发现机会

5. 我常常思考用更好的方法来完成任务

6. 如果我有好想法，没有什么能阻碍我去实现它

附录三 研究涉及的有关结构模型协方差矩阵

组织社会化内容结构模型的协方差矩阵（Ⅰ）

	Q1	Q2	Q3	Q4	Q5	Q6	Q7	Q8	Q9	Q10	Q11	Q12	Q13	Q14	Q15	Q16
Q1	1.038															
Q2	0.314	0.894														
Q3	0.385	0.501	0.858													
Q4	0.434	0.354	0.417	1.227												
Q5	0.183	0.130	0.135	0.183	0.635											
Q6	0.164	0.211	0.223	0.218	0.278	0.704										
Q7	0.227	0.237	0.256	0.264	0.227	0.262	0.750									
Q8	0.226	0.151	0.147	0.163	0.207	0.167	0.272	0.528								
Q9	0.121	0.203	0.136	0.183	0.069	0.098	0.136	0.104	0.545							
Q10	0.165	0.171	0.204	0.176	0.166	0.124	0.078	0.164	0.178	0.527						
Q11	0.158	0.216	0.257	0.104	0.153	0.161	0.132	0.102	0.211	0.207	0.734					
Q12	0.116	0.209	0.175	0.108	0.109	0.139	0.148	0.082	0.288	0.133	0.300	0.775				
Q13	0.160	0.177	0.182	0.302	0.136	0.115	0.076	0.072	0.043	0.094	0.072	0.070	1.307			
Q14	0.261	0.258	0.260	0.273	0.131	0.161	0.171	0.125	0.121	0.172	0.112	0.078	0.526	1.137		
Q15	0.189	0.351	0.286	0.402	0.122	0.155	0.317	0.142	0.125	0.153	0.172	0.139	0.407	0.431	1.049	
Q16	0.282	0.287	0.227	0.454	0.099	0.145	0.159	0.113	0.178	0.113	0.118	0.098	0.314	0.398	0.270	1.133

组织社会化影响效果的协方差矩阵（Ⅱ）

	JP1	JP2	JS1	JS2	OI1	OI2	TO1	TO2	TO3	OC1	OC2	JC1	JC2	IR1	IR2	OP1	OP2
JP1	2.582																
JP2	1.946	2.707															
JS1	0.874	1.499	9.688														
JS2	0.597	0.912	3.914	3.693													
OI1	0.689	0.817	2.445	1.826	4.074												
OI2	0.715	0.779	2.267	1.370	2.788	3.705											
TO1	-0.055	-0.162	-1.111	-0.733	-0.664	-0.597	1.598										
TO2	-0.159	-0.176	-1.216	-0.705	-0.902	-0.752	0.719	1.435									
TO3	-0.100	-0.255	-1.435	-0.940	-1.069	-0.855	0.906	0.473	1.881								
OC1	0.641	0.660	1.303	0.750	1.244	1.200	-0.178	-0.303	-0.308	2.629							
OC2	0.737	0.740	0.745	0.624	0.829	0.888	-0.166	-0.412	-0.086	1.493	3.129						
JC1	0.837	0.824	0.233	0.425	0.314	0.358	-0.060	-0.224	-0.036	0.742	0.787	1.951					
JC2	0.495	0.420	0.745	0.521	0.662	0.588	-0.303	-0.399	-0.249	0.773	0.861	0.864	1.768				
IR1	0.523	0.591	0.921	0.992	1.135	0.936	-0.245	-0.390	-0.470	0.721	0.562	0.423	0.450	1.935			
IR2	0.568	0.801	0.761	0.708	0.750	0.699	-0.094	-0.122	-0.210	0.791	0.607	0.634	1.465	0.810	1.602		
OP1	0.289	0.500	0.745	0.442	0.504	0.498	0.098	-0.073	0.185	0.994	1.055	0.507	0.539	0.405	0.515	3.137	
OP2	0.612	0.788	1.300	0.590	0.505	0.340	0.198	0.002	0.154	1.073	1.225	0.508	0.496	0.501	0.544	1.487	3.067

注：JP 代表工作绩效，JS 代表工作满意，OI 代表组织认同，TO 代表离职意愿，OC 代表组织文化，JC 代表工作胜任，IR 代表人际关系，OP 代表组织政治。

后　记

东方天空亮白时分，睡意伴随黎明如约而至。

北方的冬天是寒冷的，窗外已接近冰点，但室内却是暖意融融。我喜欢这种深夜静思的氛围，因为宁静是我思维扩散的源泉。写作虽然是孤寂的，但我喜欢在知识的海洋中徜徉。伸伸懒腰，凝视着书桌上厚厚的书稿，似乎还在学术的沉浸中释放，又似乎还在回忆着读书时的生活……

组织社会化理论，可以说是近年来组织行为学和人力资源管理领域的一个新亮点。该理论的提出是具有较强的现实意义。这是因为员工高离职率和组织适应过程是组织管理者永远面对的一个困境。当员工进入组织后，他们不可能自然地成为一名合格的组织成员。组织必须对他们进行培训和教育，其目的不仅是使他们掌握工作所需的技能，还要教育他们认同组织的价值观和行为规范，即要使员工"组织社会化"，使其成为组织所需要的人才。因此，组织社会化理论从一个新的视角阐释了员工适应组织的过程，有助于管理者更好地理解员工如何从"组织外部人"转变为"组织内部人"的机制，为组织对员工实施干预性培训提供了坚实的理论依据。2004年8月，当我开始接触组织社会化理论并拟想将其作为我的研究动向时，得到了导师凌文辁教授的肯定和鼓励，凌老师希望我能够对这项研究继续深入地探讨下去。带着这份信任和鼓励，我开始了组织社会化研究的漫漫征途。

本书内容是在我的博士论文基础上修改而成的。该项研究自始至终始是在导师凌文辁教授的精心指导下完成的。研究从选题、研究设计、问卷调查、数据处理、写作以及字斟句酌的修改稿，都得到了导师耐心细致地指引和修改。在研究过程中，凌老师深厚的理论基础、独特的研究视角、敏锐的洞察理念总能给我醍醐灌顶的启发。加之凌老师治学严谨的态度，时刻鞭策我在研究过程中不敢有丝毫懈怠。

3年前，带着对知识学习的渴望有幸成为凌老师的学生，也因此结识了方俐洛研究员。3年中，我不仅学到了扎实的专业知识，而且两位老师在为人处世方面也给我树立了学习的典范。尤其是在博士学习期间担任凌老师的助教，让我有更多的机会能够聆听两位老师的真知灼见，同时也让在外求学的我体验到了那份无私而真诚的亲情滋润。可以说，3 年中自己所取得的每一点进步都离不开他们的辛勤教育和培养。古语云："一日为师，终身为父。"两位恩师对我的鼓励和期望，始终是我前进的动力和源泉。在此，向两位老师致以深深的谢意。

感谢暨南大学胡军校长、管理学院王国庆教授、薛声家教授、张炳申教授、刘汉民教授、李相银教授、隋广军教授、夏洪胜教授等老师，在博士学习期间，他们的授业解惑，使我对管理理论有了很大的进步，完成了从心理学向管理学的过渡。感谢华南师范大学金志成教授在研究设计方面上给予了高屋建瓴的指导，使研究更加趋于完善。

在研究过程中，美国伊利诺斯大学（University of Illinois）R. C. Liden 教授，波特兰大学（Portland State University）商学院 T. N. Bauer 教授和澳门大学 R. J. Taormina 教授为本研究提供了重要参考文献和评测工具。尤其值得一提的是，R. J. Taormina 教授在工作繁忙之余对我所提出的有关问题给予了细致地解答并对研究提出了中肯的建议。香港中文大学候杰泰教授和台湾辅仁大学心理学系邱皓政博士在数据统计上给予了诸多答疑解惑，这对本研究的数据处理提供了便利。在此，向他们致以诚挚的谢意。

感谢诸多好友，他们在繁重的数据收集过程中给予了无私的协助与配合。可以说没有他们的帮助，这项研究是很难按时完成的。他们是杭州娃哈哈集团郭勇先生、深圳东江环保股份有限公司卢哲先生、宁波波导集团李姝女士、广州农业银行徐昱女士、郑州恒科实业有限公司徐东运先生、合肥海尔工贸有限公司时敏先生、河南网通徐锋先生、中国人才评价中心网何立先生、广东发展银行杭州分行张朝洪先生、中国人民解放军 454 医院于琴女士、可口可乐（西安）有限公司闫团望先生、周口市委组织部张淑熙女士、汉乔管理顾问有限公司郭建良先生、广州韦博人才顾问公司龙杨军女士、苏州吴江海关徐超女士、南京大学刘嫦娥博士后、山西大学徐大勇老师、洛阳工业高等专科学校赵辉老师、长春税务学院朱晓辉老师、暨南大学管理学院刘颖博士、林庆栋博士、惠青山博士、陈琪硕士等。

这项研究的完成，也要感谢我的同门学兄和学姐，他们是：李爱梅、马超、张辉华、柳士顺、刘颖、林庆栋、谢衡晓等。在研究过程中，他们所提出的诸多建议，拓宽了我的研究视野，使我在研究过程中少走许多弯路。

最后，感谢我的家人在我求学过程中无微不至的关怀。从初中毕业那年，我就离开父母在外求学。十多年的春秋易换之中，他们对我无私的关爱和周末电话中的关切,总能激励着我在迷茫时摆脱困境而奋发向上。父亲的正直与坦率,母亲的勤劳与坚毅,一直都是我学习的榜样。

"路漫漫其修远兮,吾将上下而求索!"

王明辉

2006 年 12 月